JN189614

小学校体育 器械運動
― 達人教師への道 ―

藤田雅文・湯口雅史 編著

大学教育出版

まえがき

　日本スポーツ振興センターの「学校の管理下の災害〔平成26年版〕」によると、小学校校舎内の負傷事故は、体育授業中が60％を占め、跳び箱運動が最も多いと報告されています。この原因は、セーフティーマットの不足もあるでしょうが、学級担任教師の安全指導・管理の能力不足にあると考えます。

　一般的に、器械運動は、「できない」「怖い」「痛い」という理由から、児童が嫌う運動教材であると言われています。しかし、一方で、休み時間に鉄棒でクルクル回って楽しんでいる児童もいます。器械運動が大好きな児童を育てるのは、やはり教師の指導力によると考えています。

　教育職員免許法では、教科に関する科目の「体育」を履修しなくても小学校教諭免許が取得できるように定められています。そのため、「器械運動の指導は苦手です」と話される小学校の先生が多くおられます。また、私の授業を履修した、小学校教員をめざす大学生のレポートを読むと、「セーフティーマット」を「ふわふわマット」、「逆上がり」を「坂上がり」、「跳び箱運動の助走」を「飛び箱運動の除走」と記述するなど、あきれかえることがたびたびあります。さらに、平成26年度には、低鉄棒の「逆上がり」ができない学生が16％、横5段の跳び箱の「かかえ込み跳び」ができない学生が14％存在していました。

　このような器械運動の指導に関する見識の浅い小学校の先生、器械運動に関して浅学で、技能も低い小学校教員をめざす大学生を対象として本書を企画いたしました。

　本書の特長は、児童に対して自信を持って器械運動の指導ができるために必須の基礎知識、指導技術、授業づくりと学習評価の観点について、多数の写真を活用しながら、今日までの器械運動に関する学術研究、授業研究の成果を網羅した情報を提供し、解説することです。内容は、小学校学習指導要領解説体育編に例示されたマット運動・鉄棒運動・跳び箱運動の技を中心としています。

実用的な本は、昔から多く出版されています。イラストを使用し、わかりやすく表現されていますが、机上の検討から執筆された内容で、授業の実際ではない場合があります。

　本書では、達人教師とは、「引き出しの多様さ」＋「子どもへかかわる妙味」を兼ね備えた教師と定義し、そのような教師の授業の実際を切り取り、解説を行うことで、読者が明日からやってみようと思う情報本としての機能を持たせることに重点をおきました。

　器械運動が大好きな児童を育てるために、全国の先生方に本書を活用していただきたいと願っています。

　最後に、編集の労をお取りいただいた大学教育出版の佐藤守氏に衷心よりお礼申し上げます。

　2016年　清秋

　　　　　　　　　　　　　　　　　　　　編著者　藤田 雅文・湯口 雅史

小学校体育 器械運動
―― 達人教師への道 ――

目　次

まえがき……………………………………………………………………… i

STEP 1　基本用語と技の表記・呼称 ……………………………………… 3

　1.　姿勢について　　3
　2.　方向について　　3
　3.　握り手について　　4
　4.　運動について　　4
　5.　器具について　　4
　6.　技の表記と呼称について　　4

STEP 2　技の体系 ………………………………………………………… 7

　1.　マット運動の技の体系　　7
　2.　鉄棒運動の技の体系　　8
　3.　跳び箱運動の技の体系　　9

STEP 3　技のポイント …………………………………………………… 10

　1.　マット運動の技　　10
　2.　鉄棒運動の技　　21
　3.　跳び箱運動の技　　31

STEP 4　ストレッチと運動アナロゴン …………………………………… 39

　1.　マット運動に必要なストレッチ　　39
　2.　マット運動の運動アナロゴン　　41
　3.　跳び箱運動の運動アナロゴン　　48
　4.　鉄棒運動の運動アナロゴン　　54

STEP 5　技の補助具と幇助法 …………………………………… 60

1. マット運動に必要な補助具　*60*
2. 鉄棒運動に必要な補助具・薬品　*61*
3. 跳び箱運動に必要な補助具　*62*
4. マット運動の幇助法　*62*
5. 鉄棒運動の幇助法　*64*
6. 跳び箱運動の幇助法　*68*

STEP 6　技の指導における言葉かけ ………………………………… *70*

1. マット運動の技の言葉かけ　*70*
2. 鉄棒運動の技の言葉かけ　*72*
3. 跳び箱運動の動作と技の言葉かけ　*74*

STEP 7　技の学習の場づくり ………………………………………… *76*

1. マット運動の場づくり　*77*
2. 鉄棒運動の場づくり　*80*
3. 跳び箱運動の場づくり　*80*

STEP 8　ICT 機器の活用 ……………………………………………… *83*

1. 器械運動の学習指導における ICT 機器の活用の効果　*83*
2. 学習指導の準備と評価のための ICT 活用　*84*
3. 授業での教員による ICT 活用　*85*
4. 児童生徒による ICT 活用　*85*

STEP 9　学習評価の観点と方法 ……………………………… *87*

1. 授業研究会での質疑応答　*87*
2. Q先生の評価観　*88*
3. Q先生が構想する授業　*89*
4. T先生の評価観　*93*
5. 評価と子どもへのかかわり方　*94*
6. T先生が構想する授業　*95*
7. 子どもの学びの地図としてのルーブリック作成　*96*
8. 「評価」から「評定」へ　*97*

STEP 10　達人教師の授業 ……………………………… *104*

はじめに　*104*

Ⅰ-（1）第2学年　マット・跳び箱を使った運動遊び　*105*
Ⅰ-（2）第4学年　マット運動　*112*
Ⅰ-（3）第5学年　マット運動　*119*
Ⅱ-（1）第1学年　鉄棒を使った運動遊び　*127*
Ⅱ-（2）第3学年　鉄棒運動　*136*
Ⅱ-（3）第5学年　鉄棒運動　*143*
Ⅲ-（1）第1学年　跳び箱を使った運動遊び　*150*
Ⅲ-（2）第3学年　跳び箱運動　*157*
Ⅲ-（3）第6学年　跳び箱運動　*166*

引用・参考文献 ……………………………………………… *173*

著者一覧 ……………………………………………………… *175*

小学校体育 器械運動
―― 達人教師への道 ――

STEP 1
基本用語と技の表記・呼称

　器械運動にはさまざまな基本用語があり、多くの技があります。それらについて正しく理解することが、達人教師への第一歩となります。

1. 姿勢について
   - 【立】　「直立」　　　　両足を揃えてまっすぐに立つ姿勢
   - 　　　　「しゃがみ立ち」両足を揃えて膝・腰を曲げて立つ姿勢
   - 　　　　「逆立ち」　　　両手で支えた逆さまの姿勢
   - 　　　　「倒立」　　　　両手で支えた身体が鉛直線の逆位の姿勢
   - 　　　　「開脚立ち」　　両足を左右に開いて立つ姿勢
   - 　　　　「片足立ち」　　片足を上げてバランスを保持して立つ姿勢
   - 【支　持】肩が握り点の上にある状態
   - 【懸　垂】肩が握り点の下にある状態
   - 【逆懸垂】逆さまの姿勢で肩が握り点の下にある状態
   - 【かかえ込み】両足を揃えて膝・腰を曲げた姿勢
   - 【伸　膝】両足を揃えて膝を伸ばした姿勢
   - 【屈　身】両足を揃えて膝を伸ばし、腰を90度に曲げた姿勢

2. 方向について
   - 【前　方】直立・支持・懸垂では腹面の方向、倒立では背面の方向
   - 【後　方】直立・支持・懸垂では背面の方向、倒立では腹面の方向
   - 【側　方】体の前後軸（へそから腰を刺した軸）周の左右の方向
   - 【横・ひねり】体の長体軸（頭から胴体を刺した軸）周の左右の方向

3. 握り手について
   【順　手】　鉄棒を上から握る（手の甲が上になる）握り方
   【逆　手】　鉄棒を下から握る（手の平が上になる）握り方
   【片逆手】　片方の手が順手、他方の手が逆手になる握り方

4. 運動について
   【転がり】　マットに背をつけて回る運動
   【回　転】　体の左右軸（腰を横から刺した軸）、または前後軸（へそから腰を刺した軸）の周りを回り、終末姿勢が再び開始姿勢にもどる運動
   【上がり】　直立または懸垂から支持になる上方へ移動する運動
   【下　り】　器械の上からとび下りる運動
   【跳　び】　足で床などを蹴って体を空中に上げる運動

5. 器具について
   【ショートマット】　長さ3m程の短いマット
   【ロングマット】　長さ6m程の長いマット
   【セーフティーマット】　ウレタンフォーム等を心材にした柔らかく厚いマット
   【持ち手】　マットを運ぶ際に握る側面のベルト
   【低鉄棒】　直立で握れる高さの鉄棒
   【高鉄棒】　跳び上がらないと握れない高さの鉄棒
   【ロイター式踏切板】　「Reuther」が開発した、合板の弾性を利用したスプリング式の踏切板

6. 技の表記と呼称について
　技の表記には、方向、姿勢、運動の内容が含まれています。指導案を作成する場合は、正しく表記するように心がけましょう。
　〈技の表記の例〉　側方倒立回転　　前方支持回転　　後方片膝掛け回転
　ただし、児童を指導する場合には、短くて親しみのある呼称の方が理解されやすいため、小学校では以下のような呼称がよく使われています。

表記	呼称
前転	まえまわり
後転	うしろまわり
開脚前転	あしパーまえまわり
開脚後転	あしパーうしろまわり
伸膝前転	あしをのばしたまえまわり
伸膝後転	あしをのばしたうしろまわり
跳び前転	とびこみぜんてん
背支持倒立	アンテナ・くびとうりつ
頭倒立	さんてんとうりつ
倒立前転	さかだちまえまわり
側方倒立回転	そくてん
側方倒立回転跳 1/4 ひねり（ロンダート）	そくてんうしろひねり
前方倒立回転跳び	てんかい
後方倒立回転跳び	バックてん

マット運動

表記	呼称
伸身支持	ツバメ
棒下回転	あしぬきまわり
開脚逆懸垂交差ひねり	ちきゅうまわり
かかえ込み回り	だるままわり
前方支持回転	まえまわり
後方支持回転	うしろまわり
膝かけ振り上がり	あしかけふりあがり
膝かけ上がり	あしかけあがり
前方片膝かけ回転	あしかけまえまわり
後方片膝かけ回転	あしかけうしろまわり
後方両膝かけ回転	じごくまわり
側方ももかけ回転	プロペラまわり
両膝かけ倒立下り	コウモリさかだちおり
両膝かけ振動下り	コウモリふりおり
棒下振り出し下り	ふりとび
開脚足裏支持棒下振り出し下り	ひこうきとび
閉脚足裏支持棒下振り出し下り	ロケットとび

鉄棒運動

	表記	呼称
鉄棒運動	屈腕かかえ込み懸垂	だんごむし
	懸垂振動	ブランコ
	懸垂逆上がり	ちからさかあがり
	ほん転逆上がり	ふりさかあがり
	腰かけ逆懸垂	ふとんほし
	両足かけ逆懸垂（片逆手）	ナマケモノ

	表記	呼称
跳び箱運動	腕立て横跳び越し	よことび
	開脚跳び	パーとび
	水平開脚跳び	大の字とび
	かかえ込み跳び	グーとび
	台上前転	まえまわり
	台上跳び前転	とびこみぜんてん
	首はね跳び	ネックスプリング
	頭はね跳び	ヘッドスプリング
	前方倒立回転跳び	てんかい
	側方倒立回転跳び	そくてんとび

STEP 2
技の体系

　器械運動には多くの技がありますが、それらは運動課題によって、いくつかの系・群に分類され、易しい基本技から少し難しい発展技、さらに難しい応用技へと繋がっています。

　ここでは、小学校と中学校の学習指導要領解説体育・保健体育編に例示されている技を中心にして、技の体系を一覧にしました。技の体系について正しく理解し、段階的な指導計画が立てられるようになることが、達人教師への第二歩となります。

1. マット運動の技の体系

（　）は予備運動

系	群	基本技	発展技
回転	接転技	前転 → 開脚前転 → 伸膝前転 ↘	
			→ 倒立前転 → 倒立伸膝前転
		（ゆりかご） → 跳び前転	
		後転 → 開脚後転 → 伸膝後転 → 後転倒立	
	翻転技	首はねおき → 頭はねおき	
		腕立て横跳び越し → 側方倒立回転　→　→　→　→　連続	
		└→→ ロンダート	
		前方倒立回転 → 前方倒立回転跳び →　連続	
		後方倒立回転 → 後方倒立回転跳び →　連続	
巧技	柔軟技	ブリッジ → 倒立ブリッジ ↑↲	
	平均立技	（壁登り逆立ち）（壁倒立）（補助倒立）↘	
		背支持倒立　　→　　→　頭倒立　→　倒立　→　倒立ひねり	
		片足正面水平立ち	
		片足側面水平立ち、Y字バランス	

巧　技　系：力や巧みさや柔軟を示す技のまとまり
接 転 技 群：体面をマットに接して転がる技の群
ほん転技群：手の平と足裏だけをマットに接して回転する技の群

2. 鉄棒運動の技の体系

（　）は予備運動

系	群	基本技　　　　　　発展技
支持	前方支持回転技	前方かかえ込み回り → 前方支持回転 ↘ → → → 連続 ↑　　　　　　　　　　　前方伸膝支持回転 → 連続 前回り下り 転向前下り → 片足踏み越し下り → 支持横跳び越し下り 　　　　　　　前方片膝掛け回転 → → → → 連続 （片膝かけ振動）　 └→　前方もも掛け回転 → 連続 膝かけ振り上がり → 膝掛け上がり → もも掛け上がり 　　　　　　　　　　　　　　　　　└→　け上がり
	後方支持回転技	後方片膝掛け回転 → → → → 連続 　　　　　　└→　後方もも掛け回転 → 連続 　　　　　　└→　後方両膝掛け回転 → 連続 後方かかえ込み回り → 後方支持回転 → 後方伸膝支持回転 　　　　　　　↓　　　　　└→ 後方浮き支持回転 後ろ振り跳び下り　　　　└→　棒下振り出し下り 後ろ振り跳びひねり下り （ふとんほし）（足抜き回り）（だんごむし） （補助逆上がり）→ 逆上がり → 両足踏み切り逆上がり 　　　　　　　　　　　　　足裏支持棒下振り出し下り
	側方	側方ももかけ回転 →　連続
懸垂	懸垂技	懸垂振動 → 後ろ振り跳び下り 　　└→ 前振り跳び下り 　　└→ 懸垂振動ひねり 　　　　└→ ほん転逆上がり 　　　　懸垂逆上がり
	逆懸垂技	（ナマケモノ）（ちきゅう回り） 両膝かけ倒立下り → → → 両膝かけ振動下り

3. 跳び箱運動の技の体系

（　）は予備運動

系	基本技	発展技
切り返し系	（支持でまたぎ乗り・下り）（馬跳び） （支持で跳び乗り・下り）（タイヤ跳び） 開脚跳び → 開脚屈身跳び → 開脚伸身跳び → 水平開脚伸身跳び かかえ込み跳び　→　→　→　→　→　水平かかえ込み跳び 　　　　└──→　　　→　　屈身跳び → 水平屈身跳び	
回転系	台上前転 → 台上伸膝前転 → 台上跳び前転 　　　　　└→首はね跳び → 頭はね跳び → 屈腕はね跳び 　　　　　　　　　　　　　　　　　　　　　↓ 　　　　　　　　　　　　　　　　　前方倒立回転跳び 横跳び越し → 横跳び越しひねり → → → →　側方倒立回転跳び	

STEP 3
技のポイント

　器械運動には多くの技があり、技が「できる」ためには、各技群に共通する技術のポイントや各々の技に特有なポイントを「わかる」ことが必須となります。技のポイントを確実に理解して、学級全体の児童に対する説明や一人ひとりの児童のつまずきに対する的確な助言ができるようになることが、達人教師への第三歩となります。

　ここでは、小学校学習指導要領解説体育編に例示されている基本技と発展技を中心に、それらのポイントについて解説します。

1. マット運動の技
(1) 接転技群
①前転

①膝・腰を曲げ、アゴを引いて、手を肩幅に開き、つま先から30 cm前のマットにつく。	②足でマットを軽く蹴って腰を上げ、後頭部を手の少し前につく。	③かかえ込み姿勢で、頭→首→肩→背→腰→尻の順にマットに接して回る。	④かかとをお尻に引き寄せ、手を前に突き出して立つ。

②大きな前転

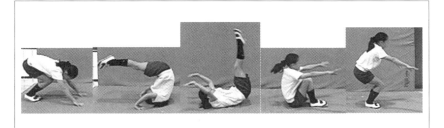

①膝・腰を曲げ、アゴを引いて、手を肩幅に開き、つま先の30cm前のマットにつく。	②足でマットを強く蹴って腰を上げ、閉脚・伸膝にして後頭部を手の少し前につく。	③膝を伸ばしたまま腰角を広げて、頭→首→肩→背→腰→尻の順にマットに接して回る。	④かかとをお尻に引き寄せ、手を前に突き出して立つ。

③開脚前転

①膝・腰を曲げ、アゴを引いて、手を肩幅に開き、つま先の30cm前のマットにつく。	②足でマットを蹴って腰を上げ、閉脚・伸膝にして後頭部を手の少し前につく。	③膝を伸ばしたまま頭→首→肩→背→腰→尻の順にマットに接して回る。	④足を大きく開いて、かかとから接地し、手を内ももの近くにつく。	⑤頭を前方に突き出しながら手でマットを強く押して立つ。

④伸膝前転

| ①直立から腰を曲げ、手を肩幅に開いてつま先から50cm前のマットにつく。 | ②閉脚・伸膝で腰を高く上げ、アゴをひいて後頭部を手の少し前につく。 | ③閉脚・伸膝で腰角を広げ、頭→首→肩→背→腰→尻の順にマットに接して回る。 | ④上体を起こして手をももの外側につき、かかとから接地して、深く前屈する。 | ⑤頭を前方に突き出しながら、手でマットを強く押し、腰角を開いて立つ。 |

⑤倒立前転

| ①②③倒立（p.20）と同じ。 | ④鉛直線上に肘・腰・膝・足首を伸ばして両足を閉じ、両手の指先に力を入れてバランスを保つ。 | ⑤体を前方に傾け、腰を広げたままで肘を曲げ、両手の前方20cmに後頭部をつく。 | ⑥頭→首→肩→背→腰→尻の順に接して前方に回転する。 | ⑦かかとをお尻に引きつけ、両手を前に突き出して立つ。 |

STEP 3：技のポイント　　13

⑥跳び前転

①２ｍほどの助走から両手を上げ、両足を揃えて、つま先で強くマットを蹴る。	②着手点を見て、腰を上げ、伸膝で足を振り上げ、腰角を開く。	③両手の平でしっかりと着手し、両手の前に後頭部をつく。	④腰角を広げたまま、頭→首→肩→背→腰→尻の順にマットに接して回る。	⑤かかとをお尻に引き寄せ、手を前に突き出して立つ。

⑦後転

①お尻を膝より上にして、脇を締めて、両手を体の前に出して構える。	②アゴをひいて、肩を後方に倒しながら尾てい骨を踵から30 cm後ろに下ろす。	③手の平を肩の上に振り込み、つま先を頭の後ろに振り込む。	④両手でマットを押して立つ。

⑧開脚後転

①お尻を膝より上にして、脇を締めて、両手を体の前に出して構える。	②アゴをひいて、肩を後方に倒しながら尾てい骨を踵から 30 cm 後ろに下ろし、手の平を肩の上に振り込む。	③足を大きく開いて、つま先を頭の後ろに振り込んでマットに着く。	④両手でマットを押して立つ。

⑨伸膝後転

①直立姿勢からアゴをひいて深く前屈し、両腕をお尻の後方に伸ばす。	②手の平で支えてお尻を下ろし、肩を後方に倒しながら、手を耳の横に構える。	③両足を頭の後方に勢いよく振り込み、頭の近くに下ろす。	④膝をしっかり伸ばして、両手でマットを強く押して立つ。

⑩後転倒立

| ①直立姿勢からアゴをひいて深く前屈し、両腕をお尻の後方に伸ばす。 | ②手の平で支えてお尻を下ろし、肩を後方に倒しながら、手を耳の横に構える。 | ③両足を後方に振り込み、直後に腰を開いて、腕の力で体を押し上げる。 | ④頭を背屈して肩角を開き、鉛直線上に体を伸ばした倒立に持ち込み、足を揃えて着地する。 |

(2) 翻転技群
①首はねおき

| ①膝を曲げ、手を前に伸ばして構え、両手を肩幅より少し広げて、つま先の 30 cm 前方のマットに着く。 | ②マットを蹴って腰を高く上げ、屈身姿勢で、両手の間に後頭部と肩をつく。 | ③前方に回転し、腰が 45 度傾いた時に、踵を前上方に勢いよく投げ出し、手でマットを強く押し放す。 | ④手を挙げ、体を反って立ち上がる。 |

②頭はねおき

| ①膝と腰を軽く曲げ、手を前に伸ばして構える。 | ②上体を倒しながらマットを蹴り、腰を高く上げた屈身姿勢で両手を着き、手の中央前に前頭部をつく。 | ③前方に回転し、腰が45度傾いた時に、足を前上方に勢いよく投げ出し、手でマットを強く押し放す。 | ④手を挙げ、体を反らして立ち上がる。 |

③側方倒立回転

| ①左足を前にして、前後・肩幅に足を開き、正面を向いて両手を挙げて構える。 | ②左手を左にひねりながら、左足の前方50 cmの位置につき、左足でマットを蹴って右足を勢いよく振り上げる。 | ③右手を左にひねりながら、左手の前方30 cmの位置にハの字の形にしてつき、視線を両手の指先中央に向け、開脚倒立姿勢になる。 | ④腰を曲げて右足先を後方に向けて下ろし、右手でマットを強く押し、進行方向の右側を向いて、手を挙げ、開脚で立つ。 |

④ロンダート

①2mの助走から斜め前方に右足でホップ（両手を挙げた大きいスキップ）をする。	②両腕で頭をはさみ、左足を踏み込んで、左手を前方1mの位置に左ひねりで着き、右足を勢いよく振り上げる。	③右手を左に深くひねり、左手の斜め前方30cmの位置に交差させるようにつく。	④手元を見て、体を$\frac{1}{2}$ひねりながら足を閉じ、腰を反り返し、手でマットを強く押して、後ろ向きに着地する。

⑤前方倒立回転

①足を前後・肩幅に開き、両手を挙げて構える。	②両手を肩幅より少し広くして前足の30cm前に着き、後ろ足をゆっくり振り上げる。	③手元を見て、肩を引き、体を反らせて足裏をマットにつく。	④手でマットを強く押し、腰を前に移動させて立ち上がる。

⑥後方倒立回転

| ①直立姿勢から腰を前に出しながら上体を後ろに倒す。 | ②手を着く場所を見ながら頭を後ろに倒し、両手を肩幅に開いて足の近くに着く。 | ③足でマットを蹴り、肩と腹部を後ろに引いて足を持ち上げる。 | ④腰を曲げ、マットを押して立つ。 |

⑦前方倒立回転跳び

| ①3mほどの助走から、上体を前方に傾けて両手を上げ、大きくホップする。 | ②肩角を広げて前足の1m前方に両手を肩幅に開き、横に揃えて着き、後ろ足を勢いよく振り上げる。 | ③前足でマットを蹴って後ろ足に揃え、両腕でマットを強く突き放して体を反る。 | ④体を反ったまま両手を挙げ、膝を軽く曲げて立つ。 |

(3) 平均立技群
①背支持倒立

| ①マットに座り、後方に上体を倒して、アゴを引き、肩と後頭部をつく。 | ②手を腰に当て、上腕と肘で体を支える。 | ③足を揃え、腹と腿に力を入れて腰角を広げ、鉛直線上に体を伸ばす。 | ④前方に回転し、手を前に突き出して立つ。 |

②頭倒立

| ①しゃがみ立ちから手を肩幅より少し広く開いて足の前方のマットにつく。 | ②両手を結ぶラインを底辺にした直角二等辺三角形の頂点に前頭部をつく。 | ③足のつま先を顔に近づけながらお尻を上げる。 | ④肘を曲げ、脇を締めて、腕で体を支えながら腰角を広げ、両足をゆっくり斜め上に挙げる。 |

③倒立

①足を前後・肩幅に開き、両手を頭の上に挙げて構える。	②前足の膝と腰を曲げ、両手を前足の30 cm前に、肩幅より少し広くして着き、後ろ足をゆっくり振り上げる。	③人差し指を前に向け、軽く開いた両手の指先の中央に視線を向け、肩角が180度になるように開く。	④鉛直線上に肘・腰・膝・足首を伸ばして両足を閉じ、両手の指先に力を入れてバランスを保つ。

④片足正面水平立ち

①直立から両腕を左右に広げる。	②正面を見ながらゆっくり上体を前方に倒し、片足を後ろに挙げる。	③背・尻・腿の筋を緊張させ、床面に対して、頭〜尻〜踵の体線が水平になる姿勢で静止する。

2. 鉄棒運動の技

(1) 前方支持回転技群

①前方かかえ込み回り

①背筋を伸ばした支持姿勢から頭を前方の遠くに勢いよく倒す。	②足を揃えて踵をお尻に引き寄せ、脇をしめて肘支持になり、手で膝裏を強く握る。	③手を膝裏から離して鉄棒を順手で握り、支持姿勢になる。

②前方支持回転

①背筋を伸ばした支持姿勢から頭を前方の遠くに勢いよく倒す。	②足を揃えて踵をお尻に引き寄せ、アゴを引いて腰を曲げ、腰部で鉄棒を挟む。	③手首を返して、肘を伸ばして支持する。

③前方片膝掛け回転

①足を前後に開き、順手（または逆手）で握って前足のももを鉄棒に付けて支持する。	②背筋を伸ばし、頭を前方の遠くに勢いよく倒す。	③前足の膝を深く曲げ、膝裏で鉄棒をはさみ、手首を返して、肘を伸ばして支持する。

④膝掛け振り上がり

①片膝裏をバーに掛けて逆懸垂になる。	②頭の背屈・腹屈動作と合わせて、バーに掛けていない足を上下に大きく振って予備振動をする。	③前方から後方への振れ戻りの勢いを使い、アゴを引いて脇をしめ、手首を返してバーを下に強く押さえ込む。	④肘を伸ばして膝裏からももに支持点を移動させて支持する。

⑤膝掛け上がり

①バーを深く握り、肘を伸ばし、肩角を広げて構える。	②肩角を広げたまま、バーの下から前方に2歩踏み込んで前振りし、掛ける足を上げる。	③前方から後方への振れ戻りを使って片足を両腕の間に通し、バーに膝裏をかける。	④アゴを引き、手首を返して脇を閉め、バーを下に強く押さえ込む。	⑤肘を伸ばして、膝裏からももに支持点を移動させて支持する。

⑥転向前下り

①順手支持から右足を前に出して前後開脚（ももかけ）支持になる。	②右手を逆手に握り変えて片逆手支持になる。	③右手に体重をかけ、体を右にひねりながら左足を横に回し、バーを握ったまま鉄棒の前に右を向いて着地する。

⑦片足踏み越し下り

①順手支持から左手を逆手に握り変えて片逆手支持になる。	②右足裏を右手の近くの鉄棒の上に乗せる。	③左手に体重をのせながら右手を離し、右足で鉄棒を踏む。	④腰を上げて体を左へひねりながら左足を後ろから前に抜く。	⑤バーを握ったまま、鉄棒の前に左を向いて着地する。

⑧支持横跳び越し下り

①順手支持から左手を逆手に握り変えて片逆手支持になる。	②両足を揃えて右後方に勢いよく振り上げる。	③左手に体重をのせて腰を上げ、体を左へひねりながら両足を後ろから前に抜く。	④バーを握ったまま、鉄棒の前に左を向いて着地する。

(2) 後方支持回転技群
①後方かかえ込み回り

①前方かかえ込み回りの動きをゆっくり行い、途中で回転を止める。	②前方から後方への振れ戻りを使って、足先を頭上に振り込み、手で膝を持ち上げ、肩を倒して後方に回転する。	③手を膝裏から離して鉄棒を順手で握り、支持姿勢になる。

②後方支持回転

①アゴを引いて背筋を伸ばし、両足を揃えて後ろに振り上げる。	②アゴを引いたまま足をバーの上後方に勢いよく振り込み、脇をしめて肩を後方に倒す。	③手首を返して、肘を伸ばして支持する。

③後方片膝掛け回転

| ①足を前後に開き、前足の腿を鉄棒に付けて順手で支持する。 | ②後ろ足を後方に開いて、腕で体を引き上げる。 | ③前足の膝裏で鉄棒をはさみ、後ろ足をバーの上後方に勢いよく振り込む。 | ④アゴを引き、脇をしめて肩を後方に倒す。 | ⑤手首を返してバーを強く握り、後ろ足を上げて回転を止め、肘を伸ばして支持する |

④後方両膝掛け回転

| ①順手で握って両足の腿をバーに付けて座る。 | ②アゴを引いて腕に力を入れ、お尻を後ろに高く引き上げ、支持点を腿から膝裏に移動させる。 | ③両足の膝裏で鉄棒をはさみ、頭と肩を後方に勢いよく倒して回転する。 | ④手首を返し、バーを強く握って回転を止め、肘を伸ばして支持する。 |

⑤逆上がり

| ①順手(腕力の弱い児童は逆手)でバーを握り、鉄棒の真下より20 cm前に軸足を出し、前後に足を開く。 | ②肘を曲げ、脇をしめて、後ろ足をバーの上後方に勢いよく振り上げる。 | ③後ろ足の振り上げと同時に前足で地面を強く蹴り、肩を後方に倒す。 | ④肘を曲げて体を引き上げて腰部をバーにのせ、手首を返して背を丸くして上体を起こす。 |

⑥両足踏み切り逆上がり

| ①順手でバーを握り、鉄棒の近くで直立する。 | ②肘を曲げ、脇をしめて両足を揃えて地面を強く蹴る。 | ③肘を曲げたまま両足をバーの上後方に勢いよく振り上げ、肩を後方に倒す。 | ④腰部をバーにのせ、手首を返して背を丸くして上体を起こす。 |

⑦棒下振り出し下り

①支持から両足を揃えて後ろに軽く振り上げる。	②アゴを引いて脇をしめ、肩を後ろに倒してバーの近くに膝を引き寄せる。	③肩の回転に合わせて、足先を斜め上方に振り出す。	④腰を伸ばしながら脇を広げてバーを後ろに引き離し、前方を見て着地する。

⑧足裏支持棒下振り出し下り

①支持から腰を上げて、両手の外側の鉄棒に両足裏を乗せる。	②アゴを引いて、足裏が離されないように、腹・腿に力を入れ、後方に回転する。	③腰が鉄棒の前に出てから足裏を離し、両腕でバーを後方に引き放す。	④体を反って両手を挙げ、前方を見ながら着地する。

(3) 側方支持回転技群
側方もも掛け回転

①片逆手でバーを握り、脇を締め、肘と背筋を伸ばしてまたがるように支持する。	②アゴを引いて足首を交差し、腕で体を引き上げながら、上体を側方に勢いよく倒す。	③腰・膝を伸ばしたまま回転し、手でバーを強く握って回転を止め、支持姿勢になる。

(4) 懸垂技群
①懸垂振動

①腰の反り返しの反動を使って振り出す。	②後方に振れた際は、バーを見て、胸と腹をふくんで肩を引き上げ、手を握り変える。	③前方への振動は、肩の力を抜き、鉄棒の真下で足先を背面に残し、腰の反り返しの反動を使って足先を上にあげる。

②ほん転逆上がり

①腰の反り返しの反動を使って振り出し、大きな予備振動を行う。	②前方への振動の際に、頭を背屈して肩の力を抜き、鉄棒の真下で足先を背面に残し、腰を勢いよく反り返して逆懸垂になり、腹部をバーに近づける。	③腹部がバーに乗ったら、手首を返して背中から起き上がり、支持になる。

③懸垂逆上がり

①アゴを引いて足先を背面に残し、肘を曲げて体を引き上げる。	②腰を反り返して足を上方に振り上げ、肩を後ろに倒して腹部をバーに近づける。	③腹部がバーに乗ったら、手首を返して背中から起き上がり、支持になる。

④両膝掛け振動下り

①バーを順手で握り、両腕の中に足を入れて両膝をしっかり曲げてバーにかける。	②手をバーから離して、頭上に伸ばし、腰を伸ばして前方に振動する。	③両手を頭上に挙げたまま、腰を曲げないで、頭と腕の振りを使って振動を大きくする。	④両腕を前方に伸ばし、前を見て、バーから膝を離して着地する。

3. 跳び箱運動の技

(1) 切り返し系の技

①開脚跳び

①5mほどの助走から両足で強く踏み切る。	②腕を前方に振り出し、足を開いて両手を跳び箱の前方に着手する。	③着地マットを見て、手より顔を前に出し、両手で跳び箱を強く押し放す。	④膝を軽く曲げ、両足を揃えて着地する。

②開脚屈身跳び

①5mほどの助走から腕を背中側に下げ、両足で強く踏み切る。	②腕を前方に振り出し、伸膝・開脚で跳び箱の前方に着手する。	③大腿に力を入れて開脚・屈身姿勢を保ち、両手の平で強く跳び箱を突き放す。	④着地マットを見て、膝を軽く曲げ、両足を揃えて着地する。

③開脚伸身跳び

①5mほどの助走から腕を背中側に下げ、両足で強く踏み切る。	②伸膝で足を振り上げ、腕を低く早く前方に振り出し、肩角を広げて跳び箱の前方に着手する。	③両手の平で強く前方に跳び箱を突き放し、両腕を挙げ、腰角を広げて飛躍する。	④着地マットを見て、跳び箱から離れた地点に両足を揃えて着地する。

④かかえ込み跳び

①5mほどの助走から両足で強く踏み切る。	②足を閉じて両手を跳び箱の前方に着手する。	③腰を上げ、足先を前方に向け、膝を胸に引きつけ、手より顔を前に出して両手で跳び箱を強く押し放す。	④着地マットを見て、膝を軽く曲げ、両足を揃えて着地する。

⑤屈身跳び

①5mほどの助走から腕を背中側に下げ、両足で強く踏み切る。	②腕を低く早く前方に振り出し、腰を上げ、肩角を広げて跳び箱の前方に着手する。	③両手の平で強く前方に跳び箱を突き放し、大腿に力を入れて閉脚・伸膝で腰を曲げる。	④着地マットを見て、腰角を広げ、両足を揃えて着地する。

(2) 回転系の技
①台上前転

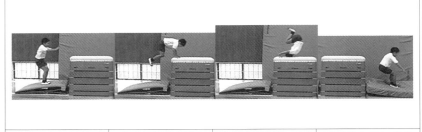

①5mほどの助走から両足で強く踏み切る。	②両手を跳び箱の手前につき、膝を曲げてお尻を上げる。	③頭を腹屈し、両手の前に後頭部をつけて回る。	④両手を前に突き出して上体を起こし、膝を曲げて着地する。

②台上伸膝前転

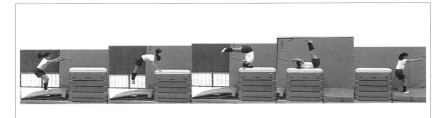

①5mほどの助走から両足で強く踏み切る。	②両手を跳び箱の手前につき、膝を伸ばして腰を上げる。	③頭を腹屈し、両手の前に後頭部をつけ、膝を伸ばしたまま回る。	④両手を前に突き出して上体を起こし、膝を曲げて着地する。

③首はね跳び

| ①5mほどの助走から両足で強く踏み切る。 | ②屈身姿勢で腰を上げ、跳び箱の中央に着手し、頭を腹屈して両手の前に後頭部を着けて回転する。 | ③首・肩で支え、腰が前方に傾いたら足先をすばやく前方に振り出して腰角を広げる。 | ④両手で跳び箱を後方に強く押し放し、両手を挙げて体を反り、膝を軽く曲げて着地する。 |

④頭はね跳び

| ①5mほどの助走から両足で強く踏み切る。 | ②両手を跳び箱の中央に着手し、屈身姿勢で腰を上げ、両手の前に前頭部を着けて回転する。 | ③手・頭で支え、腰が前方に傾いたら足先をすばやく前方に振り出して腰角を広げる。 | ④両手で跳び箱を後方に強く押し放し、両手を挙げて体を反り、膝を軽く曲げて着地する。 |

⑤屈腕はね跳び

①5mほどの助走から両足で強く踏み切る。	②屈身姿勢で腰を上げ、両手を跳び箱の前方に着手し、肘を曲げて体を支えて回転する。	③腰が前方に傾いたら足先をすばやく前方に振り出して腰角を広げる。	④両手で跳び箱を後方に強く押し放し、両手を挙げて体を反り、膝を軽く曲げて着地する。

⑥前方倒立回転跳び

①10mほどの全力の助走から両足で強く踏み切る。	②腕を低く早く前方に振り出し、肩角を広げて跳び箱の前方に着手し、頭を背屈して伸身姿勢で足・腰を高く振り上げる。	③両手で跳び箱を前方に強く突き放し、胸をふくみ、腰を軽く曲げて前上方に回転する。	④両手を挙げて体を反り、膝を軽く曲げて着地する。

⑦横跳び越し

①5mほどの助走から両足で強く踏み切る。	②体の正面で両手を90度ひねって縦に着手し、腰を上げる。	③足が跳び箱の上を通過するように跳び越し、横向きで着地する。

⑧横跳び越しひねり

①5mほどの助走から両足で強く踏み切る。	②体の正面で両手を90度ひねって縦に着手し、腰を上げる。	③体が跳び箱の前方に傾いたら手前に着いた手を離し、頭の上に挙げる。	④体をひねって着手の指先と逆方向に向いて、横向きで着地する。

⑨側方倒立回転跳び

①10mほどの全力の助走から両足で強く踏み切る。	②腕を低く早く前方に振り出して上体をひねり、手前の腕の肘を曲げて縦に着手し、頭を背屈して伸身で足を高く振り上げる。	③跳び箱を強く突き放して横向きで前上方に回転する。	④両手を挙げ、膝を曲げて横向きで着地する。

STEP 4
ストレッチと運動アナロゴン

　器械運動の技ができるようになるためには、身体の柔軟性を高め、基礎的な運動技能と運動感覚を身につけておく必要があります。そのため、各種のストレッチと「まだやったことのない運動を表象したり、投企したりするために、臨場感を持って運動経過を思い浮かべる素材として用いられる類似の運動例」である運動アナロゴンを経験させておかねばなりません。小学校の教育現場では、運動アナロゴンを一般的に予備運動と呼称しており、ここでは、技の習得に必要な各種のストレッチと運動アナロゴン（予備運動）を紹介します。

1. マット運動に必要なストレッチ
(1) カタツムリ　→　後転

①仰向けで、両腕を身体に沿うように伸ばし、手の平をマットにつける。
②息を吐きながら、腰を持ち上げ、足先を頭の後方のマットにつける。
③ゆったりと呼吸しながら、真上を見て、膝を耳の横に位置するように曲げ、10秒ほど静止する。

(2) 長座体前屈　→　伸膝前転・伸膝後転

① 両足を揃えて伸ばした長座姿勢から息を吐きながらゆっくり前屈する。
② 背筋と膝を伸ばし、ゆったりした呼吸を行いながら、10秒～20秒ほど静止する。
★ 手指が足裏まで届くように深く曲げましょう。

(3) 開脚座体前屈　→　開脚前転

① 両足を開いた開脚座姿勢から息を吐きながらゆっくり前屈する。
② 足首を曲げて、背筋と膝を伸ばし、ゆったりと呼吸を行いながら、10秒～20秒ほど静止する。

★ 反動をつけたり、力まかせに上体を押したりしないようにしましょう。

(4) ネコの背伸び　→　倒立

① 両手両足を肩幅に開いた四つ這い姿勢から両手を前に伸ばす。
② 膝角を90度にしてお尻を高く上げ、息を吐きながら背中を反らす。
③ 顎と胸がマットにつくように肩角を開き、ゆったりと呼吸しながら、10秒～20秒間静止する。

(5) 上体反らし　→　前方倒立回転・後方倒立回転

①両足の甲と腿をマットにつけて、両腕を伸ばしながら、胸を持ち上げ、上方を見て上体を反る。
②ゆったりと呼吸しながら、10～20秒間静止する。

2. マット運動の運動アナロゴン

(1) ゆりかご　→　前転・後転

①しゃがみ立ちで、あごを引いて背中を丸めて構える。
②尾てい骨→腰→背中→肩→首→後頭部の順に接して後方に転がり、膝を曲げて腰を上げる。
③かかえ込み姿勢で前方に転がり、踵をお尻に引き寄せてしゃがみ立ちに戻る。

(2) 大きなゆりかご　→　伸膝後転・倒立前転・後転倒立

①しゃがみ立ちで、あごを引いて背中を丸め、肘を曲げ、脇をしめて手を耳の横に構える。	②尾てい骨→腰→背中→肩→首→後頭部の順に接して後方に転がり、耳の横に手を着いて腰角を広げ、足を高く上げる。	③腰角を開いたまま前方に転がり、両手を前に伸ばして踵をお尻に引き寄せ、しゃがみ立ちに戻る。

(3) 高ばいプッシュ立ち　→　伸膝後転

①伸膝・閉脚で腰を高く上げた高ばい姿勢をとる。	②腕を曲げて顔をマットに近づけ、マットを強く押し放して、伸膝・閉脚のまま直立になる。

★横向き1段目の跳び箱に手を着いて行う起き上がりから始めましょう。

STEP 4：ストレッチと運動アナロゴン　　43

(4) カエルの足打ち　→　倒立

① しゃがみ立ちから両手を肩幅より少し広く開いて前方のマットに着く。
② 両足でマットを蹴って腰を上げ、両手の中央少し前を見て支持し、足裏を合わせる。

★3回続けて足打ちできるように練習しましょう。

(5) 手押し車　→　倒立

① 体格の似たペアで、Aは腕立て伏せの姿勢になり、BはAの後ろに立ち、両足首の上を握って脚を持ち上げる。
② Aは腹・腿に力を入れ、体が反らないようにして腕で歩き、Bは脚を離さないでゆっくり付いて行く。

★10m進むことを目標にしましょう。

(6) 手押し車ジャンプ　→　前方倒立回転跳び

① 体格の似たペアで、Aは腕立て伏せの姿勢になり、BはAの後ろに立ち、両足首の上を握って脚を持ち上げる。
② Aは体が反らないようにして肘を曲げ、マットを強く押し放して前方に跳ぶ。

★3m進むことを目標にしましょう。

(7) ブリッジ → 前方倒立回転・後方倒立回転

① 仰向けで両脚を立膝にし、両手を耳の横につけ、脇をしめて腕を曲げ、肘を天井に向ける。
② 腕・背中・脚の力を使ってゆっくり腰を持ち上げ、手足を近づける。
③ 腰を高く持ち上げて10秒ほど静止する。

(8) 壁登り逆立ち前転 → 倒立前転

①壁に背を向けて四つ這いになり、片足を後ろの壁に着く。	②両腕で体を支え、足を高く上げて行き、両手を壁に近づける。	③両手の中央少し前を見て、肩角を広げて鉛直線上に体を伸ばす。	④つま先で壁を蹴り、後頭部をマットに着いてから前転する。

(9) 壁倒立　→　倒立・側方倒立回転・前方倒立回転跳び

①壁に正対して、足を前後・肩幅に開き、両手を頭の上に挙げて構える。	②前足の膝と腰を曲げ、両手を前足の30 cm前に、肩幅より少し広くしてつき、後ろ足をゆっくり振り上げる。	③人差し指を前に向け、軽く開いた両手の指先の中央に視線を向け、肩角が180度になるように開く。	④踵を壁に着け、鉛直線上に肘・腰・膝・足首を伸ばして両足を閉じ、両手の指先に力を入れてバランスを保つ。

★安全のため、セーフティーマットを壁に立てかけて行いましょう。

(10) またぎ越し逆ひねり　→　側方倒立回転

①横向きの跳び箱1段に正対し、左足を前にして立つ。	②体を左に90度ひねりながら右足で跳び箱をまたぐ。	③体を左に180度ひねりながら左足を上げ、横向き開脚で立つ。

(11) 支持でまたぎ越し逆ひねり　→　側方倒立回転

①横向きの跳び箱1段に正対し、左足を少し前にして立つ。	②跳び箱に左手→右手の順に左ひねりで縦に着く。	③右足を振り上げながら左足でマットを蹴り、腰を上げてまたぎ、右足先を跳び箱に向けて下ろす。	④跳び箱を両手で押して体を起こし、左に90度ひねりながら左足を下ろし、横向き開脚で立つ。

(12) 壁倒立～横向き開脚立ち　→　側方倒立回転

①左足を前にして踏み切り、右足を振り上げて壁倒立をする。	②足先を壁に向けて右足をゆっくり下ろし、マットを押して上体を起こす。	③体を左に90度ひねりながら左足を下ろし、横向き開脚で立つ。

(13) 跳び箱の上から前転　→　跳び前転

①横向き2段の跳び箱の上にしゃがみ立ちする。	②着手するマットを見て、両腕を前方に伸ばし、脚で跳び箱を蹴って腰を上げ、両手でしっかり支えて前転する。

(14) バックレッグレイズ　→　前方倒立回転跳び

①両手と両膝をマットに着き、四つ這いで片脚を後方に伸ばす。	②膝を伸ばしたまま、踵を高く上に振り上げ、元の位置まで下げる。
★左右の脚で、この動作をテンポよく10回繰り返しましょう。	

3. 跳び箱運動の運動アナロゴン
(1) カエル跳び　→　開脚跳び

①しゃがみ立ちで腕を前に振り、脚でマットを蹴って前方に体を投げ出す。	②両手を肩幅に開いてマットに着手し、頭を前に出し、肩角を狭めてマットを押し放す。	③頭を上げて開脚で着地する。 ★着手より前に着地しましょう。

(2) ウサギ跳び　→　かかえ込み跳び

①しゃがみ立ちから腕を前に振り、脚でマットを蹴って前方に体を投げ出す。	②両手を肩幅に開いてマットに着手し、膝を胸に引き付け、頭を前に出し、肩角を狭めてマットを押し放す。	③頭を上げて閉脚で着地する。 ★着手より前に着地しましょう。

★ウサギ跳びで鬼ごっこをしましょう。

(3) タイヤ跳び　→　開脚跳び

① 地面に埋め込まれたタイヤから 30 cm 離れて立ち、タイヤの頭部に両手を着く。
② 両足で地面を蹴って体を上前方に傾けて開脚し、両手でタイヤを強く押し放して跳び越す。

(4) 馬跳び（横・縦向き）　→　開脚跳び

① 体格の似たペアで、A は肩幅より少し広く開脚し、膝に手を着き、頭を下げて馬になる。
② B は 2 歩助走から両足を揃えて踏み切り、馬の背に両手を横に揃えて着き、背を強く押して開脚で跳び越す。

★馬はしっかり踏ん張りましょう。

(5) 支持で開脚下り　→　開脚跳び

① 縦向きの跳び箱の上の手前側の端にしゃがみ立ちする。	② 両手を跳び箱の前方の端に着き、頭を跳び箱よりも前に突き出す	③ 腰を上げて開脚し、腕で跳び箱を後ろに押し放して着地する。

(6) 支持で跳び上がり　→　かかえ込み跳び

①2・3歩の助走から両足で踏み切り、腕を前方に伸ばし、両手を肩幅に開いて跳び箱に着手する。	②腰を上げて膝を曲げ、両手で跳び箱を押し放してしゃがみ立ちする。

★正座にならないよう、足首を曲げてつま先を前に向けましょう。

(7) 横向き1段ウサギ跳び　→　かかえ込み跳び

①横向き1段の跳び箱の前に、踏み切り板を30cm離して置く。	②踏み切り板の前方にしゃがんで、うさぎ跳びの動作で跳び越す。

★跳び箱に近づくと、肩角が狭くなるので跳び越せないよ。

STEP 4：ストレッチと運動アナロゴン　51

(8) 尺取り虫　→　屈身跳び

①四つ這いから腰を上げ、膝を伸ばして高ばい姿勢になる。	②膝を伸ばしたまま軽く蹴って足を手に近づける。	③手を前に出して腰角を開き、②の動作を繰り返す。 ★3m前進しましょう。

(9) 屈身頭倒立～ブリッジ　→　頭はね跳び

①マットの上でしゃがんで、両手を肩幅に開いて着き、その中央の前に前頭部を着く。	②足先を顔に近づけて腰を高く上げ、屈身姿勢のまま体を前傾させる。	③腰が頭より前に傾いてから、勢いよく腰を開き、両手でマットを強く押してブリッジのポーズをとる。

(10) 背面壁押し　→　首はね跳び

①壁に骨を押しつけるように もたれかかり、足を壁から 50 cm 離す。	②肘を曲げ、脇を締めて両手の平を耳の横に構え、手の平を壁に着く。	③頭の後ろに腕を伸ばし、壁を強く押し放して直立する。

(11) ステージ前転　→　台上前転

①3 m ほどの助走からロイター板を両足で強く踏み切り、腕を前方に伸ばし、両手を肩幅に開いてステージ上のロングマットに着手する。	②腰を高く上げ、後頭部を両手の中央前につけ、ステージ上のロングマットで前転する。
＊写真はショートマットを積み上げた場をステージとして代用しています。	

STEP 4：ストレッチと運動アナロゴン　53

(12) ステージ頭はね下り　→　頭はねとび

①ステージの端でしゃがんで、両手を肩幅に開いて着き、その中央の前に前頭部を着け、腰を上げて屈身姿勢をとる。	②腰を高く上げた屈身姿勢のまま、体を前傾させ、頭より前に腰を傾けてから腰角を勢いよく開き、手でマットを強く押し放す。	③セーフティーマットの上に両手を上げて着地する。

＊写真はショートマットを積み上げた場をステージとして代用しています。

(13) ステージ前方倒立回転下り　→　前方倒立回転跳び

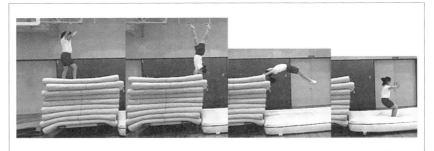

①ステージの端で、両足を前後に開き、両手を挙げて構える。	②肩角を広げて前足の1m前方に両手を肩幅に開き、横に揃えて着き、後ろ足を勢いよく振り上げる。	③前足でマットを蹴って後ろ足に揃え、両腕でマットを強く突き放して体を反る。	④セーフティーマットの上に、両手を挙げ、膝を軽く曲げて立つ。

＊写真はショートマットを積み上げた場をステージとして代用しています。

4. 鉄棒運動の運動アナロゴン

(1) 足の前振り上げ　→　逆上がり

① 直立して、左腕を肩の高さで前方に伸ばす。
② 右足のつま先で左手の平を蹴るように、足を大きく振り上げる。

★左右5回やってみましょう。

(2) 屈腕かかえ込み懸垂（ダンゴ虫）→　逆上がり

① 順手または逆手で鉄棒を握り、鉄棒の上に顔を位置させ、肘を曲げ、脇を締めて構える。
② 膝を曲げて足を浮かせ、屈腕かかえ込みの姿勢でぶら下がる。
★3秒以上できるように頑張ろう。

(3) 逆懸垂　→　逆上がり、後方支持回転

順手で鉄棒を握り、鉄棒の上に両足を上げ、肘を伸ばして脇を締め、アゴを引いてぶら下がる。
★3秒以上できるように頑張ろう。
★前回り下りの動きで逆懸垂になることもできるよ。

（4）足抜き後ろ回り　→　逆上がり

①順手で鉄棒を握り、鉄棒の下にしゃがむ。	②片足を上げて足裏を鉄棒につける。	③肩を後方に倒して腰を上げ、両腕の間に体を通して回転する。	④背面で鉄棒を握ったまま、着地する。

（5）登り棒後ろ回り　→　逆上がり

①頭の高さで左右2本の登り棒を握って立つ。	②左足で地面を蹴り、右足を頭の上後方に振り上げる。	③肩を後方に倒して腰を上げ、両腕の間に体を通して回転する。	④足を下げ、着地点を見てから手を離して着地する。

(6) バスタオル逆上がり　→　逆上がり

①腰を包むようにしてバスタオルを体に巻きつける。	②バスタオルの両端をバーに巻きつけ、順手でバスタオルとバーをしっかり握って逆上がりをする。

★破れにくい業務用バスタオルを使いましょう。
★バーの上に顔が出る高さの鉄棒で行いましょう。

(7) 帯ブランコ逆上がり　→　逆上がり、後方支持回転

①柔道の帯の中央をバーに掛け、端を鉄棒にしっかり結びつける。	②帯とバーの間に体を入れて帯に腰を下ろし、帯の外側で鉄棒を順手で握る。	③ブランコをこぐ動作で体を振り、両足を鉄棒上に振り上げ、肩を後方に倒して上がる。

★子どもの体格に合わせて帯の長さを調節して下さい。

(8) タオル回り　→　前方支持回転、後方支持回転

①鉄棒で支持している試技者の背後から、パートナーが試技者の腰を包むようにタオルを押し付ける。	②タオルとバーを順手でしっかり握って、前方または後方に一回転する。

★破れにくいマフラータオルを使いましょう。

(9) 膝かけ帯ブランコ　→　膝かけ振り上がり

①柔道の帯をバーに掛け、端をしっかり結んで垂らす。	②帯の中で左膝を鉄棒にかけ、右足裏を帯に押し付ける。	③右足裏を帯に押し付けたまま、ブランコをこぐ動作で体を振る。

★膝裏が痛いので回転補助パッドを装着して行いましょう。

(10) 跳び箱片足踏み越し下り　→　片足踏み越し下り

①横向き3段の跳び箱の上に左右に揃えて両手をつく。	②右手の横に右足を上げ、足裏で跳び箱を踏みつける。	③右手を離し、左腕で体を支え、左足を体の下から前に抜いて跳び下り、横向きで着地する。

(11) 斜め懸垂～上体起こし　→　棒下振り出し下り

①両足裏をバーの真下より1m前に置き、深い順手握りで斜め懸垂の姿勢をとる。	②肘を曲げて、頭の後ろにバーを強く引き、体を反ってから直立する。

STEP 4：ストレッチと運動アナロゴン　59

(12) 開脚ブランコ〜前振り出し下り　→　足裏支持棒下振り出し下り

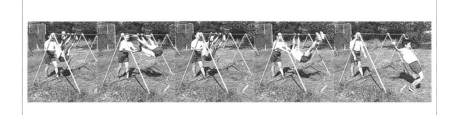

①順手でバーを握り、手の外側に足裏をバーに付けて、開脚でぶら下がる。	②パートナーに肩を押してもらって前後に振動する。	③腰をバーの前に出してから足裏を離し、両手でバーを頭の後ろに強く引く。	④両手を挙げ、体を反り、膝を軽く曲げて着地する。

STEP 5
技の補助具と帮助法

　器械運動の技は、後ろに回ったり、逆さになったり、高い場所でバランスを保持したり、高い場所から跳び下りたりするため、「怖い」という感情が生じます。また、跳び箱は、体がぶつかると「痛い」ため、それを回避しようとして腕を突っ張ったり、脚で跳び箱を挟んだり、跳び箱の上に正座してしまうなどの動きが生じます。さらに、鉄棒は、繰り返し練習すると、手の平の指の付け根の皮が裂けたり、膝裏や下腹部を鉄棒と接触させて回転するため、擦傷、打撲が生じて、とても「痛い」思いをすることがしばしばあります。

　上述した「怖い」「痛い」という、器械運動を嫌いになる要因を除くためには、さまざまな補助具を揃えて安全な学習環境を整備することが重要になります。

　また、安全な範囲で、教師が子どもを帮助[注1]したり、子ども同士で帮助しあったりすることも必要となります。

　ここでは、さまざまな技の補助具と帮助法について紹介し、解説します。

1. マット運動に必要な補助具

①傾斜マット　→　後転	②ハーフマット　→　開脚前転

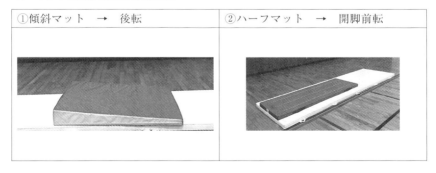

STEP 5：技の補助具と帮助法 61

③円柱ブロックマット 　　→　前方・後方倒立回転	④セーフティーマット 　　　　　→　跳び前転など

2. 鉄棒運動に必要な補助具・薬品

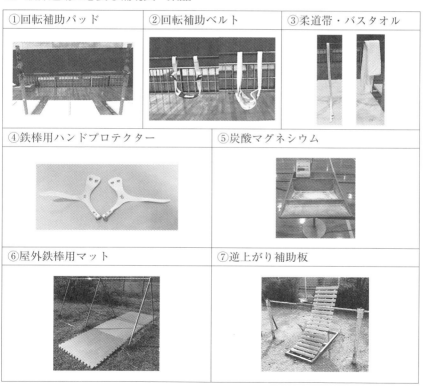

①回転補助パッド	②回転補助ベルト	③柔道帯・バスタオル
④鉄棒用ハンドプロテクター	⑤炭酸マグネシウム	
⑥屋外鉄棒用マット	⑦逆上がり補助板	

3. 跳び箱運動に必要な補助具

①半円ブロックマット　→　開脚跳び 　バランスブロックマット	②ラウンドフォームとび箱 　　　　　　　　　→　開脚跳び

③ソフト跳び箱	④セーフティーマット　→　着地

4. マット運動の幇助法

①後転

①試技者が後方に回転し、腰が上がってきた際に、腰をつかんで幇助の準備をする。	②首の痛みを感じさせないように、腰を引き上げながら回転させる。

②倒立前転

①幇助者は、試技者の振り上げ足側、少し前方で片膝立ちする。	②試技者が、倒立の動作を始めたら、振り上げ足の膝の上部を握って倒立に誘導する。	③試技者が、後頭部と肩をマットに着いたら、ゆっくりと手を離す。

③後転倒立

①試技者の横側少し後方で、開脚屈膝の低い姿勢で構え、試技者が後方に回転して腰が上がってきた際に、足首の上部をつかんで幇助の準備をする。	②試技者が腰角を開く動きに合わせて、つかんだ足部を強く引き上げながら立ち上がる。	③安定した倒立姿勢になるまで足を握って幇助し、ゆっくりと手を離す。

④前方倒立回転跳び

①試技者が手を着く場所の横側少し後方で両膝をつき、右手を下げ、左手を上げて構える。	②試技者がホップしてマットに着手し、倒立の動作を始めたら、右手を肩、左手を腰に充てる。	③試技者の体重を両腕で支え、円を描くように、肩と腰を押し上げて着地に誘導する。

5. 鉄棒運動の幇助法

①逆上がり

①幇助者は、試技者の後ろ足の横側、バーの前で膝を曲げて構える。	②試技者が足を振り上げたら、左手を肩に添え、右手を膝裏に入れる。	③円を描くように、左手で肩を回し、右手で膝を押し上げる。	④試技者の腰がバーに乗ったら、左手で膝裏を押し下げ、右手で肩を押し上げて支持に誘導する。

STEP 5：技の補助具と補助法　65

②前方支持回転

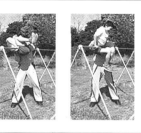

①試技者の横側、バーの後ろ側に立って構える。	②試技者が前方回転を始めたら、左腕をバーの上から前に出し、右腕を下にして構える。	③試技者の頭がバーの下から上に上昇するタイミングで、右手を試技者の背中につけ、左手を膝裏に入れる。	④左手で膝裏を支えながら、右手で背中を押し上げて、支持に誘導する。

③後方支持回転

①補助者は、試技者の横側、バーの前側に膝を曲げて立ち、右腕をバーの下から上に挙げて構える。	②試技者が後方回転を始めたら、右手を試技者の片に添え、左手を膝裏に入れる。	③円を描くように、右手で試技者の肩を回し、左手で試技者の膝を押し上げて回転を助ける。	④試技者が頭を持ち上げた際に衝突しないよう一歩下がる。

④前方片膝かけ回転

①試技者が後方に伸ばしている足の横側前方で膝をついてバーの下に構える。	②試技者が体を前方に倒し、頭がバーの下から上へ上昇を始めるタイミングで、右手を腰に添え、左手で膝下を握る。	③両手で円を描くように、右手で試技者の腰を押し上げ、左手で膝をバーの後方に押し上げて回転を助け、支持に誘導する。

⑤後方片膝かけ回転

①試技者が後方に伸ばしている足の横側前方で膝を曲げて構え、バーの下から右腕を挙げる。	②試技者が後方に回転を始めたら、右手を肩に添え、左手を伸ばしている足の膝裏に添える。	③両手で円を描くように、右手で試技者の肩を回し、左手で膝を押し上げて回転を助け、支持に誘導する。

⑥両膝掛け振動下り

①試技者の横側前方に片膝立ちで構える。	②試技者が前方に振動してきたら、手前の上腕を左手で握り、反対側の脇を抱えるようにして、右腕を試技者の胸に押し付ける。	③試技者の上腕と胸を引き上げながら着地に誘導する。

⑦足裏支持棒下振り出し下り

①試技者の背後に立ち、トレーニングパンツの腰部を握って腰を引き上げ、足裏をバーに乗せる動作を助ける。	②腰を引き上げたまま、試技者が膝を伸ばす動作を支え、腰とバーが水平になる体勢をとらせる。	③腰を引き上げている力を緩めて、そっと前方に押し出して振り出し動作を助ける。

6. 跳び箱運動の幇助法

①開脚跳び・かかえ込み跳び

①幇助者は、着地マット側の跳び箱の横に立つ。	②試技者が、腕を前に振り出したら上腕を両手で握りにいく。	③上腕を握って前方に引き上げながら着地に誘導する。

②台上前転

①幇助者は、踏み切り板側の跳び箱の横に立つ。	②試技者が着手したら、腰を包むように握って引き上げる。	③回転の後半は、腰と肩に手を添えて上体の回転を助け、落下を防ぐ。

STEP 5：技の補助具と帮助法　69

③頭はね跳び

①帮助者は、着地マット側の跳び箱の横に立つ。	②試技者が着手したら、右手で上腕を握り、腰に左手を添える。	③回転の後半は、腰を支えたまま、上腕を引き上げて上体の回転を助ける。

注1）「帮助」とは、技の遂行を容易にさせる積極的な助力行為のことであるが、漢字制限のため、一般的には「補助」という言葉に置きかえられている。

STEP 6

技の指導における言葉かけ

　高橋ら（1991）は、体育授業での教師行動と児童による形成的授業評価との関係を分析し、教師の相互作用の「発問（分析的）」「受理（傾聴）」「肯定的・矯正的フィードバック（技能的）」「励まし」は、プラスに関係することを明らかにしています。また、フランス語に語源を持つ擬音語・擬態語を意味する「オノマトペ」は、運動の「コツ」を表現する際の言葉として使用されることが多く、児童の理解を促進し、運動技能の向上に貢献する教示法であると言われています。

　ここでは、さまざまな器械運動の技の指導において、有効と考えられる言葉かけを紹介します。

1. マット運動の技の言葉かけ

技の名称	言葉かけの例
前転	おへそを見て回ってごらん。 かかととお尻をくっつけて立つんだよ。 腕をグーと前に出したら立てるよ。
大きな前転	足をピーンと伸ばして回れるかな？
開脚前転	かかとからマットにつくんだよ。 頭を突き出して、マットをグーと押してごらん。 上手な人は、いつ足を開いているかな？
伸膝前転	ふとももの横に手をつくんだよ。 マットを蹴って回るスピードを速くしよう。 かかとをマットにぶつけてごらん。 頭を突き出して、グッとマットを押してごらん。

技	言葉かけ
倒立前転	両手の真ん中のちょっと前を見るんだよ。 足をピーンと伸ばしてゆっくり振り上げてごらん。 手をついたら肩を引くんだよ。 手の前のマットに頭をつけてから回るんだよ。 腰と膝を早く曲げるとグシャってなるよ。
跳び前転	お尻と足を上げて、手でしっかり支えてから回ってね。
後転	おへそを見て回ってごらん。 脇をしめて、手はうさぎさんの耳のようにしてね。 手の平は天井に向けて構えるんだよ。 お尻を膝より高くして構えてね。 お尻の上のところをマットに下ろすんだよ。 足の指を頭の後ろにグイッと振り込むんだ。
開脚後転	手でマットをグーと押して立つんだよ。
伸膝後転	おじぎをして、手をお尻の後ろに伸ばしてから始めよう。 太ももに力を入れて足をピーンと伸ばそう。 頭の近くに足を下ろすんだよ。 手でマットをグーと押さないと立てないよ。
後転倒立	前斜め上に向かって体を一気に伸ばしてみよう。 腕でグッとマットを押そう。
首・頭はねおき	体を「く」の字に曲げるんだよ。 バンザイして、体を「へ」の字に反って立つよ。 かかとを勢いよく上に振り出して体を反ってごらん。 手で思いっきりマットを押さないと立てないよ。
側方倒立回転	おへそを前に向けてバンザイして構えてね。 左足を前に構えたら、手も左にひねるんだよ。 手足を伸ばして、大きく回ってごらん。 最初に下ろした足はどっちに向いてるかな？
ロンダート	グリコのポーズで大きくスキップするんだよ。 後に着く手をねじってごらん。 手をついたらすぐに足をピタッとくっつけて。 マットを押して、後ろ向きで立つんだよ。
前方倒立回転	肩を引いて、思いっきり体を反ってね。 マットをグッと押して立つよ。

技	言葉かけ
後方倒立回転	手と足を近づけて。 肩を引いて、おへそを突き上げて。 足でマットをポンと蹴って回るよ。
前方倒立回転跳び	斜め前に大きなバンザイスキップをしてね。 手は足から遠いところに着いてみよう。 後ろ足をブンと思いっきり振り上げてね。 思いっきりマットを押さないと立てないよ。
背支持倒立	誰の足が一番高く上がってるかな？
頭倒立	頭が手の前に出てないとできないよ。 手の上をねらって、ゆっくり、斜めに足を挙げてね。
倒立	後ろ足をピーンと伸ばして、ゆっくり振り上げてね。 肩を引いて、逆さまで背伸びするよ。
片足正面水平立ち	目線は下じゃなくて、前だよ。 お尻のところまで足を上げてね。 手足をピーンと伸ばしてみよう。

2. 鉄棒運動の技の言葉かけ

技	言葉かけ
前方かかえ込み回り	頭をブンと遠くに勢いよく振り下ろしてね。 膝の後ろをグッと握ったまま離さないでね。 足から手を離すと落ちるよ。 肘で鉄棒を押さえてね。 脇を開くと首に鉄棒があたるからね。
前方支持回転	頭を高くして、ブンと遠くに勢いよく振り下ろしてね。 かかとをお尻にくっつけてごらん。 手の平を前に回して支えよう。
前方片膝掛け回転	頭を高くして、ブンと遠くに勢いよく振り下ろしてね。 鉄棒に膝の裏をしっかり巻きつけて。 手の平を前に回して支えよう。
膝掛け振り上がり	伸ばしている足をブーンと大きく振って。 手の平を前に回して、鉄棒をグイッと押さえ込もう。
膝掛け上がり	鉄棒の上に手の甲がくるように深く握ってみよう。 鉄棒を見ながら、トトンと踏み込んだよ。 肩を鉄棒の前に出して。 鉄棒に膝裏をしっかり巻きつけよう。 鉄棒をグイッと押さえ込まないと上がれないよ。

転向前下り	鉄棒を下から握って構えてね。 顔を鉄棒の前に出してね。 足をブーンて横に回すよ。 鉄棒を離さないでね。
片足踏み越し下り	手の近くで鉄棒を踏むんだよ。 踏む足と反対の手は逆手だよ。 お尻を上げて、ピョンと前に跳んでごらん。 鉄棒を離さないでね。
後方かかえ込み回り	頭で後ろに引っぱるんだよ。 手で膝を思いっきり引っ張ってきて。 脇を開いたら回らないよ。
後方支持回転	アゴを上げると落ちるよ。 肩だけ後ろに倒そうね。 脇をしめて鉄棒にお腹の下をくっつけて。 足先を鉄棒の上に放り込もう。
後方片膝掛け回転	腕に力を入れて、体を持ち上げて構えよう。 お尻を下げると回らないよ。 伸ばした足をブンと振り上げよう。 鉄棒にしっかり膝裏を巻きつけよう。 手で鉄棒を強く握ったら回転が止まるよ。
後方両膝掛け回転	腕に力を入れて、体を持ち上げて構えよう。 お尻を下げると回らないよ。 鉄棒にしっかり膝裏を巻きつけよう。 頭で思いっきり後ろに引っぱるよ。 手で鉄棒を強く握ったら回転が止まるよ。
逆上がり	鉄棒より前に踏み込もう。 肘が伸びて脇が開くと上がれないよ。 鉄棒をグッと胸に引きつけよう。 空を思いっきり蹴ってごらん。 オーバーヘッドキックのイメージでやってごらん。 背中を丸くして起き上がってね。
両足踏み切り逆上がり	ポンと蹴って肩を後ろに倒すんだよ。 鉄棒をグイッと胸に引きつけてね。
棒下振り出し下り	アゴをしっかり引いてね。 足が鉄棒の前に出るまで、脇を締めてないと落ちるよ。 手で鉄棒を頭の後ろにグイッと引っ張ってね。

足裏支持 棒下振り出し下り	アゴをしっかり引いてね。 お腹に力を入れないと落ちるよ。 お尻が鉄棒の前に出たら足を離すんだよ。 手で鉄棒を頭の後ろにグイッと引っ張ってね。
側方もも掛け回転	手を体に近づけて鉄棒を握るんだよ。 体はまっすぐにして構えるよ。 真横に頭を倒してみよう。 鉄棒に顔を近づけたら回らないよ。
懸垂振動	おへそを突き出して体を反ってごらん。 鉄棒に足首を早く近づけて。 鉄棒の前を下から蹴り上げる感じで振り出してごらん。
ほん転逆上がり	体を反ってからポーンて感じで腰を曲げるんだよ。 鉄棒の上に足を振り上げて。
懸垂逆上がり	腕に思いっきり力をいれて、体を引き上げてね。 体をちょっと反って、ポンて感じで腰を曲げて足を上げるんだよ。
両膝掛け振動下り	手はバンザイしたまま振るんだよ。 腰を曲げると振りが大きくならないよ。 ブーンって大きく振って、鉄棒の前のマットが見えたら足を離してね。

3. 跳び箱運動の動作と技の言葉かけ

助走	スタートする場所を決めておいてよ。 どっちの足からスタートしたら上手に踏み切れるかな？ タタタタタッて走るんだよ。
踏み切り	踏み切り板を2回踏んだら跳べないよ。 足を揃えてバンと蹴ってね。
着手	腕の力でジャンプするよ。 跳び箱をグイッと後ろに押してね。 跳び箱をドーンと突き放してね。
着地	グッと踏ん張って。
開脚跳び	跳び箱の前の方に手を伸ばしてね。 足は大きなパーだよ。
開脚屈身跳び	足をピーンと伸ばせるかな？

開脚伸身跳び	腕は下から前に振り出すよ。 跳び箱をドーンと突き放してね。 両手を広げて大の字のポーズをとってみよう。
かかえ込み跳び	足の指を前に向けて跳ぶのよ。 怖かったら跳び箱の上でしゃがみましょう。
屈身跳び	腕は下から前に振り出すよ。 跳び箱をドーンと突き放してね。
台上前転	バンと蹴ってお尻を高く上げよう。 手の前に頭の後ろをつけてから回るのよ。 「前へならえ」のポーズで着地しよう。
台上伸膝前転	足をピーンと伸ばせるかな？
首はね跳び	「く」の字から「へ」の字になって跳ぶんだよ。 跳び箱を頭の後ろへ押して、バンザイしよう。
頭はね跳び	おでこの上を跳び箱につけて跳んでね。 腰が跳び箱の前に傾いたらはねるんだよ。 はねる動作が早いと、跳び箱の角で腰を打つよ。 跳び箱を頭の後ろへ押して、バンザイしよう。
屈腕はね跳び	助走の距離を少し長くして、スピードを上げよう。 肘を曲げて腕でしっかり支えよう。 腰が跳び箱の前に傾いたらはねるんだよ。 跳び箱を頭の後ろへ押して、バンザイしよう。
前方倒立回転跳び	助走の距離を長くして、全力で走ろう。 腕は下から前に振り出すよ。 跳び箱をドーンと突き放してね。
横跳び越し	バンと蹴ってお尻を高く上げてね。 手は縦に着くよ。
横跳び越しひねり	踏み切り板に近い手をバンザイしてね。
側方倒立回転跳び	助走の距離を長くして、全力で走ろう。 腕は下から前に振り出すよ。 踏み切り板に近い腕を曲げて、跳び箱をグッと押してね。

STEP 7

技の学習の場づくり

　金子（2002）は、運動形成を以下の五位相に区別し、原志向位相において、「動きたくてたまらない感じ」を持たせるには、「生気づけられた運動伝承の場づくりをする方法論こそが問われている」と述べています。

①原志向位相	「おもしろそう」「やってみたい」と思うようになる。
②探索位相	何となく動く感じが「わかるような気がする」と思うようになる。
③偶発位相	偶発的にできる時があり、「できるような気がする」と思うようになる。
④図式化位相	「できるようになりたい」という期待に満ち溢れて、反復練習に夢中になる。
⑤自在位相	他者との関わりのなかで、自ら動くのに何ら心身の束縛も障害もなく、まったく思うままに動いてすべて理に適ってできるようになる。

　また、佐藤（2005）は、マット運動の後転で、頭を背屈して回ろうとするため、背中全体が同時にマットに着き、逆位の体勢まで転がった後、元の方向に戻ってしまう運動経過を示し、首に全体重がかかった状態になるため、首に強い痛みを感じ、この痛みのために「後転は最も嫌いな運動の一つである」と述べる女子大学生を「首と頭が接する部分を半円形にカットした補助マット」を使って指導し、初心者にとって運動投企の形成という点で非常に効果的であったと報告しています。

　このように、器械運動の技の学習に対する子どもの関心・意欲を高め、安心して練習ができ、主運動の時間を増やして効果的に技を習得させるためには、学習の場づくりの工夫が必要になります。

　ここでは、さまざまな技の学習の場づくりの例を紹介します。

STEP 7：技の学習の場づくり　77

1. マット運動の場づくり

①前転・後転の場　　　　②開脚前転の場

③後転の場 2

④伸膝前転・伸膝後転の場

⑤肋木登り逆立ちの場　　　　　⑥壁登り逆立ち・壁倒立の場

★一番手前の赤テープをクリアして
　まっすぐな逆立ちができるかな？

⑦壁倒立の場2　　　　　　　　　⑧跳び前転の場

★黄色スポンジをしっかり見て倒立しよう

⑨側方倒立回転の場1　　　　　　⑩側方倒立回転の場2

★ダンボール箱を倒さないように足を　★足形・手形に合わせて一直線上で
　振り上げよう　　　　　　　　　　　できるかな？

STEP 7：技の学習の場づくり　79

⑪前方倒立回転跳びの場1　⑫前方倒立回転跳びの場2

★踏切板に手をついて回ってみよう　★Gボールの手前に手をついて回ってみよう

⑬倒立〜背落ちの場　⑭集団マットの場

⑮マットの配置例1　⑯マットの配置例2

2. 鉄棒運動の場づくり

①逆上がりの場1

②逆上がりの場2

③ぶら下がりの場

④足裏支持棒下振り出し下りの場

3. 跳び箱運動の場づくり

①支持で開脚前移動の場

②支持で跳び上がり（連続）の場

STEP 7：技の学習の場づくり　　81

③横跳び越しの場

④シンクロ横跳び越しの場

⑤台上前転の場1

⑥台上前転の場2

⑦台上前転の場3

⑧台上前転の場4

⑨首・頭はね跳びの場

⑩横・縦向きに挑戦する場

⑪開脚跳び（連続）の場

⑫ステージを活用した場

⑬跳び箱の配置例1

⑭跳び箱の配置例2

★助走は壁側からスタート

STEP 8
ICT 機器の活用

1. 器械運動の学習指導におけるICT機器の活用の効果

　近年のICT（Information and Communication(s) Technology情報通信技術）機器の発展は、顕著なものがあり、文部科学省も「教育の情報化に関する手引」（2010）第3章で、教科指導におけるICT活用について、以下の3つの活用の仕方を提示しています。
（1）学習指導の準備と評価のためのICT活用
　　○動画のダウンロードやアプリのインストール
　　○動画、支援サイト閲覧による教材研究
　　○授業後の子どもの動きの評価と次時の支援計画立案
（2）授業での教員によるICT活用
　　○子どもの興味関心を引き出す
　　○動きのポイント指導
　　○学級全体でのイメージの共有
（3）児童生徒によるICT活用
　　○技のポイントの確認
　　○自分の動きの確認と修正
　　○ポートフォリオ
　榎本（2008）らは、小学校5年生のマット運動の学習でのPAD（携帯情報端末）活用について、次のような成果を報告しています。
　①自分に合うスピードや方法で学習をすることができ、改善点に気づき、児童同士で教え合うことにつながる。
　②技能を向上させることにつながる。
　③自分の動きの課題や改善点が分かるようになったと感じている。

水島（2015）は、アプリの活用について、「学習者全員に対して役立つ万能機器ではなく、技を知る、あるいは自身の動きの確認や成果を見るための授業の補助的なツールのひとつである」と述べており、教師がICT機器の効果を理解した上で使用することが大切であることを示唆しています。

2. 学習指導の準備と評価のためのICT活用

「小学校体育　器械運動　デジタル教材」と検索をかけると、体育学習の副読本の出版社や、教育委員会、大学等多くの教材（アプリや動画）に出会うことができます。このようなデジタル教材は、大きく分けると2種類存在します。一つは、技の紹介、練習の仕方や場の工夫、つまずきのポイント、補助の仕方と学習に必要な情報がすべて入っているアプリです。このようなアプリは、情報量が大変多く、便利なツールです。第2の教師（T2）としてアプリが情報を発信してくれるからです。しかし、この種のアプリは、子どもと教師の対話が存在して、初めて機能します。教師は、子どもとアプリの媒介役となり、その子の状態と一致する情報が行き来しているかを確認しながら授業を展開していく必要があります。

もう一つは、技の紹介を主な内容としている動画集です。YouTube サイトで、例えば、「小学校体育　器械運動」と検索をかけると、多くの動画がアップされています。また、大学サイトには、ストリーミングコンテンツが掲載されており、多くの技が紹介されています。このような動画は、単元初めや新しい技への挑戦開始時などに、動きのイメージを共有する場面で活用するのが、よいのではないでしょうか。また、単元開始前に、教材研究として閲覧し、技のイメージをもつのにも役立ちます。しかし、ネット上にあるほとんどの動画は、器械運動が上手な人が行っている技紹介です。動画にある動

とび箱運動支援アプリ

きのできばえそのままを子どもに要求するのは難しいと思います。あくまでも、イメージづくりに使用したいものです。

3. 授業での教員によるICT活用

　大型テレビやプロジェクターは、共通した技のイメージをもたせたり、前時の課題の確認をしたりする場合等、クラス全体で共通理解を図る場面で使用します。右の授業は、タブレットを大型テレビにつなぎ、大きく見せることによって、子どもが動きをみる視点の共有化を図っているところです。このような、大型テレビやプロジェクターの運び込みが難しい場合は、ネット環境が整っている状況で、共通フォルダを作成し、そこからタブレットごとに映像を取り出し、グループで閲覧するという方法もあります。

大型テレビを使用してクラス全員で共通理解をしている場面

4. 児童生徒によるICT活用

　子どもが授業でICT機器を活用する場面の多くは、①情報収集ツールとして、②動きのふり返りツールとして、③他者との対話ツールとして、活用されています。次頁の写真は、グループ全員が跳ぶ場面を撮影できるように設定しています。この授業では、一人ひとりを撮影するのではなく、グループ全員の挑戦を撮影し、グループ全員でふり返るという学習ルールを設定していました。子どもは、友達の動きにコメントすることで、自分をふり返り、自己理解が深まっていったようです。そして、グループ内の対話ツールとしても活用

することができます。そして、自分の動きをリアルタイムでふり返ることで、技の着目ポイントやめあての修正が可能になりました。自分の動きを客観的に見ることができますので、修正も早い段階で取りかかれます。そのため多くの子どもが、自分の動きに対して自信をもって学習へ取り組むことができるようです。

　これまでの授業では、自分の学びをふり返ったり、次時のめあてをもったりする資料として、毎時間授業後に記入する自己評価カードを活用する実践が報告されてきました。自己評価カードは、学びの履歴を見える化することで、自分の思いや願いの変化や技能の高まりを確認したり、これからの見通しを持ったりする時の拠り所となります。主体的な学習への参加を推進する大切なアイテムとして、内容や様式が研究されてきました。

　このような自己評価カードの機能を、タブレット（PC）で代用する実践が、近年報告されてきました。子ども一人ひとりが、タブレット（PC）やサーバー上に個人フォルダをもち、その中に毎時間の挑戦活動の動画や音声をポートフォリオしていくのです。保存した動画や音声を連続して再生することで、自分の動きや感じたことの変化が自覚化できます。特に、動きの変化は映像として見えるため、細部の変化まで確認することができます。

　ICT機器は今後、学習に欠かせないアイテムとして積極的に取り入れられると思いますが、情報が多岐に亘り豊富なため、精選して使用するよう心がけなければ、活動時間に影響が及ぶという課題も報告されています。

タブレットを使ったポートフォリオ評価

STEP 9
学習評価の観点と方法

1. 授業研究会での質疑応答

　授業研究会で、次のような質問がよく出されます。
　質問者（Q先生）:「今日の授業で、○○さんは、どのように評価すればよいのですか」
　授業者（T先生）:「それは○○さんのめあてのもち方や跳び方の変化ですか。それとも、今日の授業への取り組み方ですか」
　質問者（Q先生）:「○○さんが、本時6段を開脚跳びで跳んでいました。しかし、まだ3回に1回ぐらいしか、上手に跳べていません。このような状態をどのように評価すればよいのでしょうか」

どうも、質問者と授業者の「評価」に対する捉え方が、かみ合ってないよう気がします。
　T先生は、子どもの学習状況（自己のめあて達成に向けて、学んでいるか）から判断していきたいという意図があるようです。一方Q先生は、○○さんが6段の跳び箱を跳んでいる状態を判断したいと考えているようです。このように、○○さんを見る視点の違いから「評価」に対する考え方が、少し違っていることが判ります。このことは、「意味付け」と「位置付け」という違いで説明できるのではないでしょうか。
　T先生が捉えている「評価」は、子どもが跳び箱とかかわることによって起こる状況の変化を、その子どもの力と行っている活動内容によって判断し、○○さんの、次の学習の方向性（めあての確認や修正）と教師がもっている情報とを一致させるように、機能させるツールとして考えています。つまり、今、目の前で起きている出来事を「意味付け」、次の学習場面に紡いでいこうとし

ているのです。

　Q先生が捉えている「評価」は、あらかじめ教師が設定した技のできばえ規準に照らし合わせて、○○さんが今どのレベルにあるかを「位置付け」、次の段階へ導くために必要なツールとして考えています。

　両先生とも、自らの力で跳び箱運動の高次な世界へ参加させ、そこで跳び箱運動のおもしろさを味わわせたい。そして、跳び箱運動に対して好意的にかかわることができるよう願い、○○さんにかかわっていこうとしていることは共通しており、そのために「評価」が大切であると考えているようです。

2. Q先生の評価観

　鈴木（2016）は、学習評価を中心とした授業づくりの必要性を示唆しています。さらに、「学習活動ではなく、学習評価に注目をし、学習や指導を考えていく体育授業の構想が期待されている」と述べています。これは、教師の授業観、子ども観、教材観（以下、体育観）に合った「評価の在り方」が大切であることを指摘しているのではないでしょうか。このような教師の体育観は、指導案の単元目標に表れてきます。

　先のQ先生は、子どもの技能の高まりに注目し、「安定した跳び方で跳ぶ」という評価基準を「3回続けてピタッと着地を止める」という達成目標を設定し、この達成目標ができるかどうかを確かめるために「評価」を活用しようと考えているようです。「着地をピタッと止める」ことは、跳び箱運動において、「助走－着手－着地」といった一連の動きが安定して行われたという判断基準を存在させ、ピタッと止まる着地が3回できることは、開脚跳びの技能が高まったと「運動の技能」を「評定」するのです。

　このような到達度（ピタッと着地ができる）を目標に設定すると、ピタッと着地するためには「何を」「どのように」学ばせていけばよいのか、教師が「引き出し」を理解していなければなりません。指導する内容や方法の見通しがないまま、子どもの姿から目標への到達、未到達を評価基準に用いた場合、そこで行われる評価は、授業の成果とは関係なく、もともと子どもたちが身に付けていた技能を序列付けることになりかねないと考えます。

3. Q先生が構想する授業

　Q先生が、もし単元目標をつくるならば、跳び箱を跳び越す際のできばえと習得する技名が入った目標を設定されるのではないでしょうか。

単元の目標例（5年 跳び箱運動）

(1) 基本的な支持跳び越し技に取り組んで安定してできるようにするとともに、その発展技として台上前転・首はね跳び・頭はね跳びができる。
　　　　　　　　　　　　　　　　　　　　　　　　　　　　　（技能）
(2) 運動に進んで取り組み、友達と教え合ったり、場の安全に気を配ったりすることができる。　　　　　　　　　　　　　（関心・意欲・態度）
(3) 自己の能力に適した課題の解決の仕方を知り、自分の課題に応じた練習の場や段階を選ぶことができる。　　　　　　　　（思考・判断）

　この単元目標に準じて、評価規準を設定します。国立教育政策研究所教育課程研究センター（以下、国教研）は、「学習指導要領に示す目標に照らしてその実現状況をみる評価を着実に実施し、児童一人ひとりの進歩の状況や教科の目標の実現状況を的確に把握し、学習指導の改善に生かすことが重要であるとともに、学習指導要領に示す内容が確実に身に付いたかどうかの評価を行うことが重要である」と解説し、観点別学習状況の評価（運動や健康・安全への関心・意欲・態度、運動や健康・安全についての思考・判断、運動の技能、健康・安全についての知識・理解）を次頁のように示しています。

○評価の観点及びその趣旨

　学習指導要領を踏まえ、体育科の特性に応じた評価の観点及びその趣旨は次のとおりである。

運動や健康・安全への関心・意欲・態度	運動や健康・安全についての思考・判断	運動の技能	健康安全についての知識・理解
運動に進んで取り組むとともに、友達と協力し、安全に気を付けようとする。また、身近な生活における健康・安全について関心をもち、意欲的に学習に取り組もうとする。	自己の能力に適した課題の解決を目指して、運動の仕方を工夫している。また、身近な生活における健康・安全について、課題の解決を目指して考え、判断し、これらを表している。	運動を楽しく行うための基本的な動きや技能を身に付けている。	身近な生活における健康・安全について、課題の解決に役立つ基礎的な事項を理解している。

　上掲の評価の観点と趣旨を参照し、前頁に示した単元目標を達成するための「評価規準」は、以下のように設定することができるのではないでしょうか。

○高学年「跳び箱運動」単元の評価基準例

運動への関心・意欲・態度	運動についての思考・判断	運動の技能
①技を高めたり、挑戦したりして、跳び箱運動に進んで取り組んでいる。 ②互いの技のよさや直した方がよい点について、友達と積極的に話し合っている。 ③場の安全に気を配り、片付けなどを協力して行っている。	①自分の力に合っためあてを設定している。 ②自分のめあてに応じた練習の場や段階を選んでいる。	①開脚跳びや、かかえ込み跳びを中心とした基本的な支持跳び越しの技に取り組み、安定してできる。 ②安定した台上前転をすることができる。 ③発展技を選択し、安定してできる。

　実際の授業で、この評価規準を働かせるためには、設定した評価規準がどの程度実現しているかという評価基準を設けなければなりません。
　規準と基準の違いを総括的に説明すると、規準は「質的」内容、基準は「量的」内容です。

Q先生の授業の場合は、客観的な基準（できばえ基準）を教師が設定し、それに基づいて子どもが自己評価に活用したり、友達や先生との相互評価に使用したりします。

○できばえ基準（運動の技能）例

できばえ1	できばえ2	できばえ3
跳び箱におしりが着かないで、どうにか跳び越すことができた。	着地の時に、ピタッと止まることができている。	「できばえ2」が、3回連続で行うことができている。

○できばえ基準（運動への関心・意欲・態度）例

できばえ1	できばえ2	できばえ3
めあて達成に向けて、もくもくと取り組んでいる。	めあて達成に向けて、友達からの情報を取り入れながら取り組んでいる。	めあて達成に向けて友達や先生と情報交換しながら取り組んでいる。

○できばえ基準（運動についての思考・判断）例

できばえ1	できばえ2	できばえ3
友達や先生から示されためあてをもったり、場で活動したりできる。	自分の力に合っためあてやめあてに合った場を、先生が示したものから選択することができる。	自分の活動を振り返り、自分の力に合っためあてやめあてに合った場を自己決定したり、選択したりすることができる。

このような、できばえ基準のうち「運動の技能」のできばえは、子どもが記入する学習カードにはめ込み、自主的な自己評価や相互評価を行うために使用します。「運動への関心・意欲・態度」「運動についての思考・判断」は、教師が、目の前の子どもの状態を評価する視点として機能させます。ややもすると、教師がチェックボードを片手に、子どもにかかわっている場面を見ることがありますが、先に示したように、できばえ基準は、目の前の子どもの状態と

とび箱運動学習カード　　　　　　　　年　　　組　　名前

○今日のめあて（これまでの学習をふりかえり，まず挑戦するめあてを決めよう）
　【挑戦する技】　　　　　　　【挑戦する高さ。跳び箱】　　　　【できばえ】
　□ かいきゃく跳び　　　　　□ 4段（たて・横）　　　　　　□ できばえ1
　□ かかえ込み跳び　　　　　□ 5段（たて・横）　　　　　　□ できばえ2
　□ 台上前転　　　　　　　　□ 6段（たて・横）　　　　　　□ できばえ3
　□ 大きな台上前転　　　　　□ ウレタン4段（たて・横）
　□ 首はね跳び
　□ 頭はね跳び

【できばえ基準】

できばえ1	できばえ2	できばえ3
○跳び箱におしりや足が着かないで，どうにか跳び越すことができた。 ○どうにか，跳び箱の上で回ったり，跳ねたりすることができた	着地の時に，ピタッと止まることができている。	できばえ2が，3回連続で行うことができている。

○今日の学習のふりかえり
　　月　　日（　　）　　　時間目

	上手になった技	新しくできた技	できそうだと感じた技
自分の成長	【できばえ　1・2・3】	【できばえ　1・2・3】	【できばえ　1・2・3】
学び方	ふりかえる内容 ○先生や友達から，跳ぶことができる情報を交換しながら運動した ○跳ぶコツを発見することができた ○自分の力に合っためあてをもって，運動することができた ○最後まであきらめずに，積極的に運動することができた		学習の様子

　　月　　日（　　）　　　時間目

	上手になった技	新しくできた技	できそうだと感じた技
自分の成長	【できばえ　1・2・3】	【できばえ　1・2・3】	【できばえ　1・2・3】
学び方	ふりかえる内容 ○先生や友達から，跳ぶことができる情報を交換しながら運動した ○跳ぶコツを発見することができた ○自分の力に合っためあてをもって，運動することができた ○最後まであきらめずに，積極的に運動することができた		学習の様子

　　月　　日（　　）　　　時間目

	上手になった技	新しくできた技	できそうだと感じた技
自分の成長	【できばえ　1・2・3】	【できばえ　1・2・3】	【できばえ　1・2・3】
学び方	ふりかえる内容 ○先生や友達から，跳ぶことができる情報を交換しながら運動した ○跳ぶコツを発見することができた ○自分の力に合っためあてをもって，運動することができた ○最後まであきらめずに，積極的に運動することができた		学習の様子

※学習の様子・・できた◎　　ふつう○　　できなかった△

高学年跳び箱運動学習カード例

指導内容を繋ぐフィルターとして機能させるものです。子どもを「評定」するものではありません。STEP 1 〜 8 までの「引き出し」が活用できるように、「評価」を使っていきたいものです。

4. T先生の評価観

　一方、T先生は、学習評価について、どのように考えているのでしょうか。先の授業研究会で質問に対して、「それは、○○さんのめあてのもち方や跳び方の変化ですか。それとも、今日の授業への取り組み方ですか」と応答しています。さらに、「○○さんは、前時までは4段で跳んでいました。十分に跳べていたのですが、着手時に手をかいてしまうため着地で前に何歩も歩いてしまっていました。私は、子ども達には、開脚跳び、かかえ込み跳びの場合は、第2空間の豊かさというか、身体がフワッとする感じの"おもしろい"を味わうことで、跳び箱を跳ぶってこんなに気持ちいいことなんだという、子どもと跳び箱の関係をつくりたいと思っています。しかし、○○さんの跳び方は、着手時に手をかいてしまっているため、第2空間に豊かさが生まれていませんでした。そこで、○○さんの身長と、踏み切りの勢いから4段の跳び箱が○○さんの動きに合っていないと判断し、前時の後半に6段の跳び箱での挑戦活動を進めました。その際、跳び箱に馬乗りになってもいいので、着手の時に身体を浮かすようにしっかり突き放してみたらと、アドバイスをしました。本時は、授業開始から6段に挑戦していましたが、手をかく癖がなかなかなかなか治らず苦労していました。○○さんは、初め普通の跳び箱で挑戦していましたが、馬乗りになるのが怖いか、痛いかなのか、思い切って突き放しができていなかったようです。友達からのアドバイスをもらい、跳び箱の上にマットをかぶせた場に移動し、挑戦していました。Q先生が質問なされた場面は、授業の後半でしたので、マットをかぶせた場と普通の跳び箱の場とを行ったり来たりしていた時だと思います」と、○○さんの学習の状況について説明しました。

　T先生は、子どもと跳び箱との関係から、「跳び箱の向こうへ着地したい」という子どもの思いを認め、その際、第2空中局面の雄大さを求める課題解

決が、跳び箱運動を推進するエネルギーとなるのではないかと考えたそうです。そして、どのようにして第2空中局面の雄大さを求めているかを、「評価」するのです。この場面での「評価」は、子どもが跳び箱とかかわり、跳び箱の向こうへ着地するという行為を、どのように楽しんでいるか、つまり子どもが自分の動きをどのように「意味付け」ながら運動しているかが、「評価」の目となります。「意味付け」とは、運動している「今ここ」の「何に」満足しているか、ということに焦点化するわけですから、跳び箱の向こうへ着地しようとした時に、第2空中局面の雄大さを感じているかどうかが大切なコトになるのです。たとえ跳び箱に馬乗りになったとしても、第2空中局面の雄大さを感じていれば、一応満足していると評価し、次の活動への支援を行っていったそうです。

　この授業では、跳び箱の向こうに着地したいという子どもの願いから、「大きく跳びこしてみよう」というテーマ的な単元名をつけ、合い言葉として、切り返し系の跳び方には「フワ・ピタ」、回転系の跳び方には「クル・ピタ」を共通理解し、着地と第2空中局面の雄大さや回転のスムーズさを求めて学習を進めていったそうです。着地をピタッと止めることに注目することは、その前の第2空中局面の雄大さや、回転のスムーズさを必然的に求めなければなりません。さらに、「助走－着手－着地」といった一連の動きの質も問うことになるのです。

5．評価と子どもへのかかわり方

　Q先生が考えている授業での評価は、運動した結果（安定して何回跳べたか）から、技能の高まりや指導内容を探ります。T先生の授業中の評価は、跳び箱と子どもとの関係性を見取ります。平野（2013）は、「見取り」を「子ども理解とほぼ同義であるが、この言葉には、子どもの言動を通してであるが、子どもの内面を、積極的、意識的、接続的に、ありのまま、まるごと捉えようとする意味が込められている」と述べています。すなわち、○○さんが、跳び箱に挑戦している場面において、前時までの学習カードや感想などのつぶやきや、本時の体の動き、表情、仕草等、またはインタビューなどから、事実とし

て認識（評価）するのです。そして、○○さんの思いに添うかたちで、教師がもっている「引き出し」の中から最適な情報を発信するのです。その際、教師がもっている「引き出し」の多さと質が大切なことは理解できると思います。目の前の子どもの状況に応じて、柔軟に「引き出し」の中から情報を取り出し、子どもに分かる形で発信しなければならないのです。それは、現在存在している技術情報が、すべての子どもに当てはまるという認識を超えて、その子にあった情報にアレンジする力も教師には必要になってきます。T先生は評価情報を運動結果ではなく、子どもの活動情報（プロセス情報）を重視しています。運動結果を軽視しているわけではなく、結果に至るまでの過程が「学習」であると捉え、そこにかかわろうと考えているのです。

　鈴木（2016）は、学習指導要領にある「指導と評価の一体化」について、現代の評価の考え方をよく表す言葉であるとし、「評価」の捉え方が、「学習成果を向上させるためのプロセスの中にツールとして位置付いてきているといえる」と述べています。では、T先生が考える授業における「評価ツール」をどのように作成していけばよいのでしょうか。

6．T先生が構想する授業

　T先生が提示した学習指導案にある単元目標は、
　○大きく跳び越すと、体がフワッとしたり、クルッと回ったりする「おもしろい」や、着地がピタッと止まる時の気持ちよさを知ることができる。
　○「助走－着手－着地」の一連の動きや各局面に必要な技能が大切なことに気づくことができる。
　○活動している状況から自己の問題を見つけたり、他者との情報交換から問題を修正したりしながら、夢中になって問題解決に取り組むことができる。
としており、問題解決のプロセスや状況に応じた学びを大切にしていることが分かります。

　先に書いたように、学習成果を向上させるツールとして学習評価を位置付けるためには、子どもの学びの状況を見取る「ものさし」が必要になります。子

どもの学習状況を見るために、近年、ルーブリック[注2]が実践に使用されるようになってきました。しかし、ルーブリックの捉え方は、到達状況を評価するものであるため、作成の仕方、使い方によっては、スモールステップ的な使い方がされることがあります。子どもの学びの方向は、一方通行ではなく、子ども自身が「今ここ」の状況から、めあてを修正したり、新たにつけ加えたりという、行ったり来たりするように個々によって違うのです。そのため、ルーブリックの作成は、自分の位置やこれからの方向が確認できる、地図のようなものでなければならないと考えます。教師も、子どもの学びの協働行為者として、ルーブリックを頼りに、子どもの位置と方向をナビゲーションしていかなければならないのです。

7. 子どもの学びの地図としてのルーブリック作成

先に示した「できばえ規準」は、単元の評価規準（運動への関心・意欲・態度、運動についての思考・判断、運動の技能）に基づいて、それぞれを、分離して作成します。一方、T先生が考える状況に応じた学びの評価は、文脈性を大切にします。つまり、「運動の技能」「運動への関心・意欲・態度」「運動についての思考・判断」は三つ巴の関係として考えるのです。しかし、国教研が示す評価規準の設定例は、分離した項目表となっています。設定例を参考にする場合は、それぞれの関係性を検討した上で、ルーブリック表を作成しなければなりません。評価規準の作成について鈴木（2016）は、状況に応じた学びを大切にする授業においても、結果（できたかどうか）から評価する現状があると述べ、評価設定の難しさを危惧しています。

状況に応じた学びを大切にする授業においての評価は、子どもの活動に共感することが大切になってきます。このことは、「解釈」というキーワードを考えることで整理できます。これまでの子ども理解は、「観察（跳べない）－診断（体の投げ出しが弱い）－手立て（上腕をつかみ、お尻か太ももを下から支えながら、前に送る補助をする）」という順にすすんでいきます。「観察」の後に重要な「解釈（どうして、今日はまったく跳べないんだろう、前時はもう少しで跳べていたのに…）」が抜けているのです。「なんで（どうして）」が入る

ことによって、「いかにして（どのようにして）‥‥」という手立てが浮かんでくるのです。

　また、次頁のようなルーブリックを活用するためには、教師がもつ「引き出し」も重要になってきます。子ども一人ひとりの状況に応じた技術情報の発信は、活動の中に埋め込まれている情報を掘り起こす力が必要となるのです。この力の発揮は、先に述べたように「引き出し」の充実が大切になってくるのです。

○状況に応じた学びを評価するルーブリック例

状況	自分のことで精一杯	他者からの受容	他者との対話
意欲関心態度	跳び箱を跳び越すことに関心が強い。	第2空中局面の雄大さを感じようとしている。	第2空中局面の雄大さを感じている。
思考判断	自分の出来、不出来からめあてを設定している。	他者からの情報を取り入れて、めあて設定に生かそうとしている。	自分で発見したコツを発信したり、他者からの情報を取り入れたりしながら、場や他者と対話することができる。
技能	跳び箱の向こうに着地する技能を発揮している。	第2空中局面を雄大にする技術を使おうとしている。	「リズムがある助走－雄大な第2空中局面－ピタッと着地」という一連の動きがスムーズに行える技術を使うことができている。

　T先生が使用する自己評価カード（次頁）は、前掲のように学び方の習得も内容として取り入れたものではなく、学びの地図をつくるという、子どもに自分の学びをポートフォリオ評価できるようにと考えたようです。

8.「評価」から「評定」へ

　ここまで紹介してきた2つの考え方の「評価」は、授業中の子どもの様子から、次の活動内容を自己決定したり、教師の支援内容に生かしたりするための「評価」であり、「形成的評価」とも言われています。しかし、授業研究会では、「評価」と「評定」を混同したまま研究協議が進む時があります。さらに、「評価」

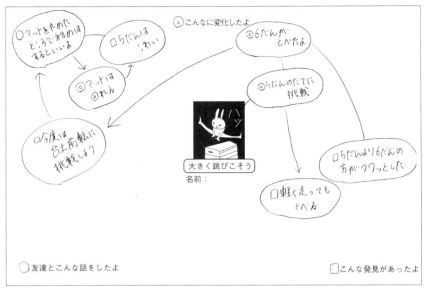

T先生の授業で使用した学習カード

に関して問題になるのが、授業中に行った「評価」をどのように「評定」に結びつければいいのかということです。

　国教研は、「評価」を単元末、学期末の「評定」に繋げる方法を、次頁のように2つ示しています。下側の評価を数値化する場合は、重点化する評価項目を何倍かして重みを付ける方法もあります。

　ここで気を付けたいのは、授業中に「評定」意識をもたないということです。つまり、評定を行う効率性を考えて、チェックシートをもちながら授業を展開しないということです。授業中は、しっかり子どもを評価しながらかかわり、授業後に、授業の様子（積極性が気になった子、頑張りを認めた子、技能が飛躍的に伸びた子、新たな一面が見えた子）をまとめたり、ひとこと体育日記をつけたりして情報をためておき、単元末、学期末の「評定」に役立てるのです。さらに、このような蓄積は、子どもの見取り情報を得ることにもつながります。単元初めは、ごく少数の子どもにしか、かかわれなかったが、単元が進むにつれてかかわる視野が広がり、余裕が出てきたという報告もあります。

○評価のA、B、Cを蓄積する方法
　学習活動に即した評価規準を観点ごとに設け、「十分満足できる」状況と判断されるものをA、「おおむね満足できる」状況と判断されるものをB、「努力を要する」状況と判断されるものをCなどのようにアルファベットや記号で記録し、その結果を蓄積していく方法で、総括においては、A、B、Cの数を基に判断する。
○評価を数値で表して蓄積する方法
　学習の実現状況を数値で表したものを蓄積していく方法である。例えば、A＝3、B＝2、C＝1というように数値で表し、蓄積する。総括の際は、蓄積した数値の合計点や平均点などを用いる。

　下の表は、授業後に行う子どものふり返りを記入するシートですが、毎時間クラス全員を記入するのではなく、覚えている子を書くようにすることで、継続できます。

○授業後に行う、子どもの学びふり返りシート例

月日	関心・意欲・態度	思考・判断	技能	新たな発見
月 日 （　）	◎AAさん→汗をかきながら夢中になって挑戦していた △BBさん→列の後ろに回り挑戦回数が少ない	△CCさん→やりたいことが力と合っていない ↑めあての変更を助言	◎DDくん→助走ー踏みきりを一緒に行った ◎EEさん→着手時に音が出る	◎EEさん→FFさんにコツを伝授
月				

注2）ルーブリック（Rubric）とは、レベルの目安を数段階に分けて記述して、達成度を判断する基準を示すものである。学習結果のパフォーマンスレベルの目安を数段階に分けて記述して、学習の達成度を判断する基準を示す教育評価法として盛んに用いられるようになった（熊本大学HP「学習指導・評価論」より）。

〈参考資料〉
評価規準の作成、評価方法等の工夫改善のための参考資料【小学校体育】
国立教育政策研究所教育課程研究センター、平成23年11月、p.25, pp.29-30, pp.34-35.

【低学年】(2)「B器械・器具を使っての運動遊び」
【学習指導要領の内容】
(1) 次の運動を楽しく行い、その動きができるようにする。
　ア　固定施設を使った運動遊びでは、登り下りや懸垂移行、渡り歩きや跳び下りをすること。
　イ　マットを使った運動遊びでは、いろいろな方向への転がり、手で支えての体の保持や回転をすること。
　ウ　鉄棒を使った運動遊びでは、支持しての上がり下り、ぶら下がりや易しい回転をすること。
　エ　跳び箱を使った運動遊びでは、跳び乗りや跳び下り、手を着いてのまたぎ乗りや跳び乗りをすること。
(2) 運動に進んで取り組み、きまりを守り仲よく運動をしたり、場の安全に気を付けたりすることができるようにする。
(3) 器械・器具を用いた簡単な遊び方を工夫できるようにする。

【「B器械・器具を使っての運動遊び」の評価規準に盛り込むべき事項】

運動への関心・意欲・態度	運動についての思考・判断	運動の技能
器械・器具を使っての運動遊びに進んで取り組むとともに、順番や決まりを守り仲よく運動をしようとしたり、運動をする場の安全に気を付けようとしたりしている。	器械・器具を用いた運動遊びの行い方を工夫している。	器械・器具を使っての運動遊びを楽しく行うための基本的な動きや各種の運動の基礎となる動きを身に付けている。

【「B器械・器具を使っての運動遊び」の評価規準の設定例】

運動への 関心・意欲・態度	運動についての 思考・判断	運動の技能
・器械・器具を使っての運動遊びに進んで取り組もうとしている。 ・運動の順番や決まりを守り、友達と仲よく運動をしようとしている。 ・友達と協力して、器械・器具の準備や片付けをしようとしている。 ・運動をする場や器械・器具の使い方などの安全に気を付けようとしている。	・固定施設や器械・器具を使った運動遊びの行い方を知るとともに、運動をする場や使用する器械・器具などを変えながら、いろいろな運動の仕方を見付けている。 ・器械・器具を使っての運動遊びの動き方を知るとともに、友達のよい動きを見付けている。	・固定施設を使った運動遊びでは、登り下りや懸垂移行、渡り歩きや跳び下りなどができる。 ・マットを使った運動遊びでは、いろいろな方向への転がり、手で支えての体の保持や回転などができる。 ・鉄棒を使った運動遊びでは、支持しての上がり下り、ぶら下がりや易しい回転などができる。 ・跳び箱を使った運動遊びでは、跳び乗りや跳び下り、手を着いてのまたぎ乗りや跳び乗りなどができる。

【中学年】(2)「B器械運動」
【学習指導要領の内容】
(1) 次の運動の楽しさや喜びに触れ、その技ができるようにする。
　ア　マット運動では、基本的な回転技や倒立技をすること。
　イ　鉄棒運動では、基本的な上がり技や支持回転技、下り技をすること。
　ウ　跳び箱運動では、基本的な支持跳び越し技をすること。
(2) 運動に進んで取り組み、決まりを守り仲よく運動をしたり、場や器械・器具の安全に気を付けたりすることができるようにする。
(3) 自己の能力に適した課題をもち、技ができるようにするための活動を工夫できるようにする。

【「B器械運動」の評価規準に盛り込むべき事項】

運動への関心・意欲・態度	運動についての思考・判断	運動の技能
器械運動の楽しさや喜びに触れることができるよう、進んで取り組むとともに、決まりを守り、仲よく運動をしようとしたり、運動する場や器械・器具の安全を確かめようとしたりしている。	自分の力に合った課題をもち、技ができるようにするための運動の行い方を工夫している。	器械運動の基本的な技を身に付けている。

【「B器械運動」の評価規準の設定例】

運動への関心・意欲・態度	運動についての思考・判断	運動の技能
・技ができる楽しさや喜びに触れることができるよう、器械運動に進んで取り組もうとしている。 ・器械・器具の使い方や運動の行い方の決まりを守り、友達と励まし合って運動をしようとしている。 ・友達と協力して、器械・器具の準備や片付けをしようとしている。 ・運動する場や器械・器具の使い方などの安全を確かめようとしている。	・基本的な技の動き方や技のポイントを知るとともに、自分の力に合った課題を選んでいる。 ・基本的な技の練習の仕方を知るとともに、自分の力に合った練習方法や練習の場を選んでいる。	・マット運動では、自分の力に合った基本的な回転技や倒立技ができる。 ・鉄棒運動では、自分の力に合った基本的な上がり技や支持回転技、下り技ができる。 ・跳び箱運動では、自分の力に合った基本的な支持跳び越し技ができる。

【高学年】(2)「B器械運動」

【学習指導要領の内容】

(1) 次の運動の楽しさや喜びに触れ、その技ができるようにする。

　ア　マット運動では、基本的な回転技や倒立技を安定して行うとともに、その発展技を行ったり、それらを繰り返したり組み合わせたりすること。

　イ　鉄棒運動では、基本的な上がり技や支持回転技、下り技を安定して行うとともに、その発展技を行ったり、それらを繰り返したり組み合わせたりすること。

ウ　跳び箱運動では、基本的な支持跳び越し技を安定して行うとともに、その発展技を行うこと。
(2) 運動に進んで取り組み、約束を守り助け合って運動をしたり、場や器械・器具の安全に気を配ったりすることができるようにする。
(3) 自己の能力に適した課題の解決の仕方や技の組み合わせ方を工夫できるようにする。

【「B器械運動」の評価規準に盛り込むべき事項】

運動への関心・意欲・態度	運動についての思考・判断	運動の技能
器械運動の楽しさや喜びに触れることができるよう、進んで取り組むとともに、約束を守り助け合って運動をしようとしたり、運動する場や器械・器具の安全に気を配ろうとしたりしている。	自分の力に合った課題の解決を目指して、練習の仕方や技の組み合わせ方を工夫している。	マット運動、鉄棒運動、跳び箱運動について、安定した基本的な技やその発展技を身に付けている。

【「B器械運動」の評価規準の設定例】

運動への関心・意欲・態度	運動についての思考・判断	運動の技能
・技を高めたり、組み合わせたりする楽しさや喜びに触れることができるよう、器械運動に進んで取り組もうとしている。 ・約束を守り、友達と助け合って技の練習をしようとしている。 ・器械・器具の準備や片付けで、分担された役割を果たそうとしている。 ・運動する場を整備したり、器械・器具の安全を保持したりすることに気を配ろうとしている。	・課題の解決の仕方を知るとともに、自分の課題に合った練習の場や方法を選んでいる。 ・技をつなぐ方法を知るとともに、自分の力に合った技を組み合わせている。	・マット運動では、繰り返したり組み合わせたりするための自分の力に合った安定した基本的な回転技や倒立技、及びその発展技ができる。 ・鉄棒運動では、繰り返したり組み合わせたりするための自分の力に合った安定した基本的な上がり技や支持回転技、下り技、及びその発展技ができる。 ・跳び箱運動では、自分の力に合った安定した基本的な支持跳び越し技、及びその発展技ができる。

STEP 10

達人教師の授業

はじめに

　自分の体育授業を振り返って、あるいは他者の体育授業を参観して「今日は、いい授業だったなぁ」と実感する時があります。では、どのような場面からそのような授業の評価をするのでしょうか。「雰囲気」「課題への真剣な子どもの取り組みの様子」「できないことが、できるようになった時の本人や周りの友達の反応」等、多様な視点から評価をしています。このような評価の一つに、授業の「おわり」の場面において、教師の元に集まってくる子どもの表情があります。集まってくる子どもの表情が、高揚感に浸っているかどうかで、子どもにとって満足いく「よい体育授業」であったかどうかが分かります。

　野津・後藤（2011）は、「よい体育授業」を成立させる教師は、「教育素材を見抜く力」と「子どもを見抜く力」を授業で生かしていると述べています。「教育素材を見抜く力」とは、①運動素材から何を教えることができるのかを捉える「素材価値を捉える力」、②子どもに身に付けさせなくてはならない教育内容を捉える「教育内容を捉える力」、③素材で教えることができる内容と、教育内容とを関連付けられる「構造的に捉える力」が内包されていると述べています。さらに、「子どもを見抜く力」とは、子どもの内面（「今ここ」の子どもの思いや願い、考え）と外面（他者が評価できる姿）を関係付けて捉える力です。

　これから紹介する授業実践は、教師がそれぞれの技（動き）の技術構造を理解し、どのような場やしかけを用意すれば、子どもは意欲的に運動に取り組み、自らを変化させようとしていくのかを、先生方が有している「引き出し」から中身を取り出しながら実践に生かしています。さらに、教師も協働行為者として情報源となり、子どもの活動に共感しながら授業を展開しています。子

ども個々がもつめあてや、めあて達成に向けての活動に対して、引き出しの中身を柔軟に対応させることで、主体的な子どもの活動を保障しています。

このような力をもつ教師は、多種多様な経験知をもっています。我々も実践に生かせる経験知を持ちたいものですが、それには多くの授業を参観し、自分の実践を省察する習慣を身に付ける必要があるのかもしれません。

Ⅰ-(1) 第2学年 マット・跳び箱を使った運動遊び

授業者　永末 大輔

1. 活動名　まっとびワールド
2. 活動の目標
   ・これまでの経験を生かし、動きの材料を基にした身体遊び（操作）に没頭する。
   ・自分なりのこだわりの動きを見つけ、追求する。
3. 活動の構想
(1) 児童の実態

本学級の児童は、1年時に「まっとびあそび」という単元テーマで、「跳び乗る」「跳び下りる」「跳び越す」「回る」「支える」という動きの材料を基にいろいろな動き遊びを経験している。体育科における器械運動の遊びを「マットあそび」「跳び箱あそび」と分離で行うのではなく、器械運動領域の学習材に含まれる動きの感じやおもしろさを総括して行った。

1年時は「自分たちが楽しめる場を考える」ことから始め、「いろいろな動きを楽しむ」という活動を行った。児童はとても楽しみながら活動を行い、「まだやりたい」という欲求を残したまま活動を終えている。1年時の経験を生かし、活動名を「まっとびワールド」とし、いろいろな動き遊びを楽しむだけではなく、自分なりに意図した動きが実現できるということを目指していきたい。

なお、活動していく場については、この活動における児童の願い（どんな動きをしていきたいか、どんなことをして楽しんでいきたいか）を活動の始めに話し合い、願いが叶えられるような場を作っていくようにする。

(2) まっとびワールドについて
①教師の願い

　子どもと共に活動を創る上で、①教師が「目指す子ども像（子どもの姿）を設定する」、②「テーマを基にテーマを探求・追求していくこと」という2つの視点を大切にしている。また、テーマを「自分のやりたい動きを追求しよう」とし、活動の足がかりとする。

②目指す子どもの姿

　目指す子どもの姿として、「いろいろな動き遊びを通して運動がより好きになる」「自分の意図した動きが（今の自分なりに）実現できる」の2つを設定した。

③特　徴

　「器械・器具を使っての運動遊び」の特徴として、「非日常性」が挙げられる。日常生活では行うことのない身体の使い方で、「安定（はじめの姿勢）－不安定（身体操作）－安定（はじめの姿勢に戻る）」の移動を行う運動であると捉える。

　マット運動や跳び箱運動の学習内容に含まれる学習内容を「技」として別々に捉えるのではなく、「動き」を学習内容として捉える。2つの運動に含まれる動きを「跳び乗る」「跳び下りる」「跳び越す」「回る」「支える」として設定し、その材料を基に、「自分の意図した動きを実現できる」ように試行錯誤しながら、楽しく運動に参加することに重点を置く。

④教材的価値

・活動を通して、何かの技能を習得することのみを目的とするのではなく、「自分の意図した動きが」「できるかできないか」の狭間を楽しむことが大切であると捉える。

・場に誘発されるおもしろさを感じ、自発的に運動に参加していくことを通して、自分なりに動きを追求したり、高めたりしていく運動（遊び）である。

・マットや跳び箱の運動遊びに含まれる動きを基にし、「より身体を投げ出すことができる」「しっかりと支えることができる」「助走から着地まで一連の動きで跳び乗りから跳び下りまでつなげる（跳び越える）」「スムーズ

に回転する」ことが自分の意図通りに行うことができるようになる。

4. 幼少連携カリキュラムにおける位置づけ

2年生を本校の幼少連携カリキュラムに照らし合わせると、第2ステージの入り口にあたる。しかしながら、まだ第1ステージからの移行期であると捉え、子どもたちの実態に応じて目指す子どもの姿が異なる。よって本活動では、2つのステージで位置づけ、子どもたちの状況や文脈に応じて捉えていく。

以下は、幼少連携カリキュラムの本活動における関連部分の抜粋である。

ステージ	ステップ	目指す子どもの姿	教科横断的な学びの基礎力		
			自発性 〜活動に取り組む力〜	自立性 〜生活を作る力〜	協働性 〜人とかかわる力〜
第1ステージ	C 2年生 4月〜 6月初旬	友達のよいものを取り入れながら、活動や自分の役割に進んで取り組む	活動のめあてやゴールイメージをもち、自分なりに工夫して活動する	1年生の手本となる行動をする	下級生のことを考えて行動する
			自発性・自立性 〜活動をつくり、取り組む力〜		協同性
第2ステージ	小2後期 〜小4前期	□これまでの経験や上級生の活動を基に一つの活動に取り組む楽しさを味わう □学級全体のめあてに向けて友達と活動を進める	○話し合いのルールを理解して、自分なりに意見を判断し（まとめて）、発言する ○活動の見通しを知り、活動に取り組む ○活動を振り返り、自分のよい所や友達のよい所を評価する		○活動に必要な役割を知り、分担する ○学級生活の中からみんなで解決できるような問題を見付け、意欲的に話し合い、解決する ○活動を振り返り、友達のよい所を評価する

5. 活動計画（全7時間　本時6／7）

	1	2	3	4	5	6	7
0		テーマ：自分のやりたい動きをついきゅうしよう						
↓	いろいろな場で動き遊びを楽しもう							
45		自分のついきゅうしたい動きをじっくり楽しもう					

6. 学びの様子

【第1時】

1年時の経験を基にアナロゴンの動きを取り入れた動きづくりから始めた。特に、「回る」経験が少なく、いわゆる前転がりの経験ばかりなので、えんぴつ回りや後ろ回りなどの動きを行った。

アナロゴン（動物歩き）

【第2時】

場を7箇所用意し、活動の流れを説明した。確認後、用意した場を自分の好きなように体験する時間となった。昨年度の経験や第1時で経験した動きを基に、自分なりに身体を動かすことを楽しんでいた。

【第3時】

場を用意して活動するのは2回目である。場の準備を役割分担していたため、時間がかからずに準備ができた。子どもたちは、場に誘発されてダイナミックに身体を投げ出すことを楽しんでいるようだった。倒立の場（壁際）の子どもたちは同じ場に集まったメンバーでアドバイスをし合いながら逆さになって支える活動を楽しんでいた。エバーマットの場では、思い切り身体を投げ出すことを楽しんでいた。そこから跳び箱に移り、台上前転を楽しむ様子も見られた。はじめは怖がっていた子どもも教師が補助をすることで、安心して取り組むことができた。

STEP10：達人教師の授業　109

【第4時】
　前時に行っていたシンクロで動く遊びが広がった。また、台上前転への取り組みも増え、友達が取り組んでいることを真似しようとしていた。ロングマットでは、連続で前回りや後ろ回りをして、目が回るのを楽しんでいる子どもがいた。

台上前転の動き

教師はそれぞれの場で補助をしたり、どんなことを意識してやろうとしているのかを聞き取ったりすることで、子どものやろうとしていることに意味付けするよう、心がけた。友達と関わりながら動きを楽しむことを通して、一人ひとりの動きが広がってきているのを実感した1時間となった。

【第5時】
　前時にエバーマットの場で、身体をより投げ出そうという子どもが何人かいたため、場の設定を変更した。具体的には4枚重ねていた場を3枚にし、残りの1枚を単独で設定した。1枚のエバーマットの場では、身体を回転させながら投げ

シンクロで跳び越す

出す動きが現れ、高い高さではできなかった動きが出てきた。子どもたちの身体操作がより巧みになってきたように思われる。子どもたちは「大きく跳ぶと空を飛んでいるみたいにふわっとする」「逆さまになると世界が逆になっておもしろい」など、いろいろな感覚を味わっていた。

【第6時】
　いろいろな動きを味わっている様子から徐々に自分のこだわりの動きができてきたため、場を移動せず、1つの場にこだわる子どもが多くなった。教師は子どもたちの願いやこだわりを見取り、補助をしたり、アドバイスをしたりして子ど

身体を投げ出して跳ぶ

もと関わった。

　動きの感覚（感じ）を味わう行為を楽しむとともに、自分が意図した動きにこだわり、その動きが「できるか‐できないか」の狭間を楽しむ様子が多く見られた。

【第7時】

　最終時間であるため、活動の始めに教師から「まとめとして、動きを追求しよう」と声掛けをした。自分のこだわりの動きを追求している子どもはじっくりと自分の選んだ場で取り組んでいた。前時に開脚跳びができるようになった子どもは「横でできたから縦向きの跳び箱に挑戦する」と意欲的に取り組み、満足した動きを自分なりに発展させて遊ぶ様子が多く見られた。

7．本時の学び

①本時のねらい

　いろいろな動きをしたり、自分の追求したい動きをしたりして遊びを楽しむ。

②本時の展開（6／7）

学習活動と内容	○教師の支援　□評価
1．挨拶・場の準備をする。 ・自分の担当になっている用具を協力して運ぶ。 ・自分の担当の用具が準備できたら、終わっていない人を手伝う。	○安全に用具を準備できるように、運ぶ人数が足りなくならないように配慮する。 ○準備が終わっている所があれば、終わっていない所を指示し、手伝うように声掛けをする。
2．準備運動・動きの材料、学習のねらいを確認する。 ・準備運動をする。 ・学習のねらいの確認をする。	○手首、足首、首など使う部分がよくほぐれるよう、教師側でストレッチを指示する。 ○「跳び乗る」「跳び下りる」「跳び越す」「回る」「支える」の動きを確認する。
自分のやりたいうごきをついきゅうしよう	
3．自分の好きな場で活動する。 ・動きの材料を基に自分なりに取り組む。	○子どものやりたい動きが、もう少しでできそうな場合は、補助をして支援する。

・友達と一緒にシンクロを楽しむ。 ・できることをさらに追求する。	○取り組んでいることが、言語化できるよう、子どもが「何をしているのか」「動いていてどんな感じがするか」を聞く。 □自分のやりたい動きを選んで追求している。
4. 動きを紹介し、共有する。 ・自分ができるようになったことを見せる。 ・みんなに紹介したい新しい動きを見せる。	○場ごとに紹介したい動きのある子どもを指名する。 ○新しい動き、子どもたちに広げたい動きは教師から積極的に紹介する。
5. 自分の好きな場で活動する。 ・紹介された動きをやってみる。 ・自分のやりたい動きを追求する。	○助走から着地まで（動きのはじめから終わりまで）一連の流れで動くよう、声をかける。 □自分のやりたい動きを選んで追求している。
6. 学習の振り返りをする。 ・どんなことが楽しかったかを振り返る。 ・できるようになったことは何か。 ・次の時間に取り組みたいことは何か。	○子ども達がこだわった内容が、自由に絵や言葉で振り返れるよう、用紙を用意しておく。 □自分のこだわった動きについて振り返ることができる。
7. 片付け・整理運動・挨拶をする。 ・自分の担当の用具を片付ける。 ・自分の担当の用具が片付け終わったら、終わっていない者の片付けを手伝う。	○自分の担当場所が、早く片付け終わった子どもには、終わっていない所を手伝うよう声をかける。

【授業に参加して】　　　　　　　　　　　　レポーター　湯口　雅史

　すごく元気のよい授業でした。永末先生は、「やってみたいは、大切なことですが、無理と少しでも思ったら挑戦してはいけません」と指示し、子どもを活動に向かわせます。「無理なこと」、これが子どものめあて設定の判断基準です。子どもは自分のやりたい場へ出向き、その場の魅力に身体を素直に開き、思いっきり体を動かしています。永末先生が、個々の「無理なこと」の限界を把握しているからこそ、子どもは思い切って挑戦しています。一見すると、秩

序がなく、好き放題活動しているように見えるのですが、一人ひとりの各場での活動をじっくり見ると、「順番を待つ」、新しい動きへ挑戦するときには「友達に声かけをする」「マットのズレを直す」等、学級全体が基本的な学び方を理解した上で、授業が展開されていました。

　注目してしまったのは、「前方宙返り」の場です。6人の子どもが、エバーマットに空中で回転しながら跳び込んでいます。一瞬「あっ！」と思いましたが、永末先生は静観しています。子どもの「無理なこと」の限界を知っているのでしょう。授業後に、なぜこのような活動に変容したのかを聞くと、「1枚のエバーマットの場を用意すると、初めは、跳び前転をしていたが、時間が経つにつれて勢いがついて手を着かなくなり、本時のように、前方宙返りを志向するようになった」と話してくれました。前方宙返りは、挑戦している子どもの力を判断した上で、「無理なこと」ではないため、容認しているそうです。しかし、急に「友達が挑戦しているから私もしたい」と言ってきても、その子どものこれまでの学びの文脈から、認めないこともあるようです。永末先生と子どもとの信頼関係は、「学びの文脈」にヒントがあるのかもしれません。「前方宙返り」を行っている子どもの変化を適切に振り返ったように、永末先生は、子どもの動きの変化を文脈で捉え、その子の「無理なこと」を理解しています。

　教師は、1時間の中で子どもができることを評価しますが、それは、文脈で捉えることで、次の支援に生かすことができるのです。

Ⅰ-(2) 第4学年　マット運動

授業者　久保 明広

1. 単元名　ワンダフルマット〜かっこよく回ろう！〜
2. 単元の目標

　試行錯誤しながら、スムーズにまたは連続で回転技や倒立技に進んで取り組み、楽しむことができるようにする。

3. 評価規準
　　○活動に進んで取り組み、場の安全に気を付けながら運動しようとしている。　　　　　　　　　　　　　　　　　　　　　　　　　　【態度】
　　○マット運動の楽しさやこつを見つけたり、場や活動方法を工夫したりすることができる。　　　　　　　　　　　　　　　　　　　　　【思考・判断】
　　○スムーズに、または連続で回転技や倒立技ができる。　　　　【技能】
4. 運動の特性
(1) 一般的特性
　マットに手もしくは体の一部を着いてから着地するまでの局面をスムーズに多様に回ることや体を保持することが楽しい運動である。
(2) 子どもから見た特性
　　・回転技や倒立技ができるように挑戦することが楽しい運動である。
　　・できるようになった技がスムーズにできたり、何回もできたりすることに挑戦することが楽しい運動である。
　　・できるようになるために、資料やタブレットを利用したり、場を工夫したり友だちと教え合ったりすることが楽しい運動である。
　　・できない技をできるようにすることに難しさを感じている。
5. 教師の授業への意図
　　・スムーズに、そして多様に回ることを意識させるために、「かっこよく回ろう！そのために・・」という問いを設定し、思考錯誤しながら技を構築していくことをねらいとする。
　　・かっこよく回るために、できそうな技にチャレンジしたい子もいれば、完成度を高めようとする子どももいることを想定し、45分間の活動を子ども達に委ねる。ただし、活動中に「今は何にチャレンジしている時間なのか」と問われた時、明確に答えられるよう意識して活動することが大切であることを伝える。
　　・「マットと仲良くなろう」という言葉を伝え、マットを動かしたり重ねたりするなど、場の工夫を積極的に認めていく。
　　・技の広がりや高まりに停滞感や必要感が生まれた時、技のポイントが記さ

れた資料を提示し、活用してもよいことを伝える。同様のタイミングで、子ども達がよく行う技ごとにタブレット（例 No.1 ＝跳び前転用）を10台準備する。試技を撮って見るだけでなく、うまくできている映像やできたポイントを音声として残し、「補助資料」としても活用させたい。
・教師もタブレットを持って撮影し、すぐ動画を見せて技のポイントを確認し合うことに活用する。

6．学習の道すじ（全7時間）

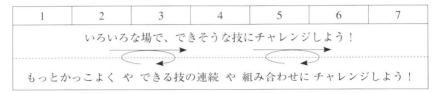

7．学びの様子

【第1時】活動の状況把握、安全への意識、着手

　1時間目ということで、子ども達がどんな技に取り組むか全体的な活動の状況を中心に見た。久しぶりのマット運動をとても楽しんでいる様子があり、普段から仲の良い友だちと前転やとび前転、壁倒立をしている子が多かった。安全に関して意識が薄く、また着手がしっかり

写真1　着手のつまずき

できていないため、「しっかり楽しめていいよ、ただぶつかったり倒立をすぐ隣でしたりと危ない場面がある」「着手はとても大事な技術だから手を意識しよう」と伝えた。その後安全面への意識は高まったものの、着手はまだまだできていない（写真1）と見取った。

【第2時】仲の良い友だちとの活動、停滞感

　2時間目もマットとどのように関わっていくか（技、仲間、場の工夫等）を中心に見た。場を工夫する姿が見られ、かっこよく回ろうと試行錯誤し、ポーズを決める様子もうかがえたので「かっこいいね」と声をかけた。しかし後

半も仲の良い友だちとだけ活動し、刺激し合うことなく停滞感が見られた。「かっこよく回ろう」「マットと仲良くなろう」という意味が子ども達に理解できていないのだろうと解釈しつつも、具体的な手立てを講じることなく終わった。

【第3時】価値付け、活動・技の広がり

　仲の良い友だちとの活動、技の広がりが見られないことを受けて、一人で黙々と技に向かっている姿を本時の導入に動画で示し価値付けした。また、活動の前半には、開脚前転に唯一チャレンジしている子どもを皆に紹介し、いろいろな技にチャレンジすることを価値付けした。この2つの手立てによって、仲の良い友だちとの活動から自分がチャレンジしたい技の活動へと変化していった。その後、教師は技の具体的な助言ではなく、技に向かっている態度、かっこよく回ろうと試行錯誤していること、場を工夫しようとしていることを価値付けして回った。

【第4時】具体的な言葉かけ

　技が広がり始めたことを受けて、4時間目は技への具体的な助言を意識的に行った。その時に個人に伝えるというよりあえて大きな声で技のポイントを助言し、その周りにいる子達への刺激もねらった。側方倒立回転をしている子（写真2）へは「足の上がりや着手、着足の位置について」、開脚前転についてはできている子の動画を見せながら

写真2　側方倒立回転

ら「回転のスピードやなめらかさ」を、跳び前転については「助走の長さや遠くに着こうとしている着手の位置」を助言した。技の広がりから徐々に技へのこだわりがみえ始めてきた1時間であった。

【第5〜7時】技のこだわり、教え合い

　5〜7時間目は技へのこだわり＝集約化され、技を中心にグループができてきため、グループに積極的にかかわり、具体的な声かけをした。開脚後転には「足を開くタイミング」（写真3）、頭倒立には「手足の位置や力を入れる部

分」を教師が撮影した動画で示しながら、確認し合った。技が集約化されてきたこと、教師が具体的な技のポイントを指摘したことで、教え合いが具体的になり、補助する姿（写真4）が多く見られた。その結果、子ども達の技が飛躍的に高まり、まさに「かっこよく回る」姿を見せてくれた（写真5）。

写真3　足を開くタイミングの比較を同時再生で紹介

写真4　教えあう様子　　　　　写真5　跳び前転

写真6　ポーズを決める姿　　　写真7　タブレットの動画を参考にしている姿

8. 本時の指導（5／7）

(1) 目　標

「ポーズを決める」ために、どのように回ると良いか試行錯誤しながら活動することができる。

(2) 展　開

学習活動	教師の働きかけ（○）
1　本時のめあてを決める。(7分) 　期待したいめあて ・○○ができるようにチャレンジする。 ・こつを試しながら、かっこよく回る。 ・いつでもかっこよく回れるようにする。	○かっこ良く回るためにこれまで気づいたことを確認する。 ・ポーズを決める　・はやく回る ・スムーズに　　　・まっすぐ回る ・ビシッと伸ばす ○これまでの感想から「かっこよく回る」ことの具体的な姿を紹介する。 ・倒立回転が100cmでできた ・いつでもできるようになった
「ポーズを決める」ために、どう回る？	
2　活動をする。(30分) 　予想される動き ・跳び前転のポーズが上手くできることにこだわって何回も挑戦している。 ・新たな技ができるように、資料を見ながら挑戦している。 ・場を工夫しながら挑戦している。 ・なかなかポーズを決めることができない。	○ポーズができている子を積極的に称賛する（写真6）。 ○ポーズがうまくできていないということは、かっこよく回れていない状態であることを伝える。 ○困っている子には学習資料やタブレットに残っている動画を参考にするように助言する（写真7）。 ○ある技ができるように、またはかっこ良くしようと挑戦しているか見極めながら言葉かけをする。
3　片付け、ふり返りをする。(8分)	○ポーズを決めることができることは、かっこよく回ることと強く関係していることを確認する。 ○ポーズをしっかり決めている子のポイントを動画で紹介する。

【授業に参加して】　　　　　　　　　　　　　　　　　　レポーター　松本 大輔

1．マット運動の面白さを学習者の視点から考える

　マット運動の技とは、決して開脚前転等の既存の技術を教師が教え習得していくといった形式で学ばれるものではない。マット運動の技を学習者の視点からとらえると、始めの状態から、「間」で何かしらの非日常の動き（回転や、跳ぶ等）を行い、また終わりで始めの状態に戻れるか戻れないかが面白い技の学習ということになる。このことは体操の白井選手を考えれば解り易い。彼は既存の技に縛れることなく、始めと終わりの"間"で何ができるかな？を挑戦し、その面白さに触れている。そして、それが結果的に新しい技を生み出しているのである。このように考えると、マット運動の技の面白さは、「間」でどんな面白い動きができるかに挑戦していることとして捉えられる。このことを久保先生は「かっこよく回ろう」という言葉で教師と児童が共有できる課題として設定している。

2．問いによる対話と学習

　この「かっこよく回ろう」という問いが課題として共有されることで教師と児童は常に対話を繰り返しながら学習が進められているのが久保先生の実践の特徴である。参観した授業においては、「『かっこよく回る』ためにはどうしたらいい？」という問いに対して「手の付き方を考える」や「足をキレイに伸ばす」等の児童の返答があり、「じゃそのためにはどうするの？」という教師の問いに対して「着手の位置や、助走のタイミングを考える」といった具体的な課題が児童の中で創出されている姿が見られた。

　本時では、「最後のポーズを決めるともっとかっこいい」という児童の感想から、「ポーズを決めるためにはどう回る？」という問いが主となり、児童は自分の課題を考えながら試行錯誤している姿が見られた。つまり「技ができるようになる」ということを「かっこよく回る」と児童の言葉にすることで、学習者が何をすればよいのかという課題を見つけやすく、それに向かって学習カードやタブレット、教え合いが生まれやすくなっているという学習が広がっていたのである。

3. 技能を向上させる授業

　こうしたマット運動の授業では、「教師が技術を教える」授業ではなく、問いを共有することで、「学習者が技能を向上させるために技術を学んでいる」授業であると言える。つまり「かっこよく回ろう」という学習者にとっての言葉に学習の課題を変えることで、学習者自身がマット運動の技の意味を知り、自分の課題を具体的に知ることができる。そして自分の今の課題に必要感をもって技術を学んで（教師や仲間、学習カードの資料やタブレットから）、自らの技能を向上させようと試行錯誤していく学習が展開されていた。

Ⅰ-(3) 第5学年　マット運動

授業者　松本 拓也

1. 単元名　より美しく　マットの達人!!
2. 運動の考え方

　マット運動を「マットを使って○○をより美しくすることができるかどうか」に挑戦する運動であると捉えた。○○には基本的な回転技や倒立技が位置づく。マット上で技の「美しさ」をめぐってできるかどうかを楽しむ運動であると捉えることで、友達や場とかかわりながら自分たちの体の使い方を追求し続けることができると考えた。日常的に経験しない動きをあえて行う運動であること、できるかできないかの間を楽しむのだということを教師と子どもで共通理解しながら進めていくことを大切にしたいと考えた。

　また、基本的な回転技や倒立技のコツについて、オノマトペを用いて言語化して提示することで、技を構成している動きの質的な特徴を捉えやすくした。例えば、前転は「クルッとまわってシュッと立つことができるかどうか」に挑戦する技であり、開脚前転は「クルッと回って、パッと足を開いてシュッと立つことができるかな」に挑戦する技である。このような技の提示の仕方にすることで、交流活動の中で「シュッと立つには、頭を前に突き出すようにしたらいい」などと「シュッと」をめぐってできたかどうかを追求しやすくした。

3. 単元展開の意図

　子どもたちが、より美しくできるかどうかという意味の中で、技を構成している動きに気づいたり体の使い方を試したりしながら、安定した身のこなしを獲得できることが必要である。そのために、まず、マット運動の意味である「美しくできるかどうかを楽しもう」ということを単元を貫く大きな学習課題として位置づけた。子どもも教師もこの課題に立ち返りながら学習を進めることができるようにした。次に、各技における美しさを子どもと教師の全員で共有した上で、「シュッと立つためにはどのようにすればよいかな」というように、技の美しさを具体的に追求するための問いを立ち上げていった。そして、問いに対して子どもが自分のめあてをもち、体の使い方を工夫していくことができるようにした。

　また、技の美しさを多様な視点から追究できるようにするために、「着手」「向き」「勢い」「着地」を、問いを解決していくための共通の手がかりとして位置づけて単元を展開していった。教師が手がかりに立ち返りながら意図的にかかわったり、常に板書しておいたりすることで、「強く押すように着手するとよかった」「手の向きを少し内側に向けると回転しやすい」などと共通の手がかりにもとづいて交流できるようにした。

①動きの変化

　体ほぐしの運動の中にオセロゲーム（2人組で手押し車をしながら表裏で色の異なるカードをめくっていく活動）や壁倒立ドンじゃんけんを取り入れた。子どもたちはチーム対抗戦を楽しみながら、無理なく体を支える腕支持感覚を身につけていった。また、単元前半で「お立ち台マットに立てるかどうかな」と問いながら場を提示した。すると、子どもたちは「お立ち台マット」の置く距離を変えて活動し始めた。場の変化に合わせた前転を楽しんでいる様子であった。場に誘発されて自然と大きな前転や跳び前転の動きが引き出されていった。場やモノをきっかけに動きを発展させたり洗練させたりしていった。

②学び方の変化

　教師は、友達とかかわる中で「もっとこうしたら美しく立てるのではないのか」などと問いを共に追求する態度や、技についての理解を深められている

というプロセスを楽しむ態度を称賛していくようにした。単元を通して、周りで見ている子どもたちへの声かけを積極的に行った。教師がファシリテーター[注3]役に徹するようにしたことで、子どもたちは単元が進むにつれて友達からのアドバイスを自ら求めるようになっていった。「どうしたらこの技がもっとスムーズにできるの？」「どんなふうに手をついたの？」「今の回転はスムーズだった？」「なんで立てないのかな？」などと美しいと感じた友達の試技やVTRの自分の姿から、技のコツをお互いに聞き合うようになった。また、安全な運動の行い方についても徹底して声かけを行った。技に取り組む際には、どのような瞬間にどんな怪我が起こるのか考えさせたり、保健学習（けがの防止）で学んだ知識を想起させたりした。安心できる環境の中でこそ楽しむことができることを徹底できるようにした。

4. 子どもを見取る視点

次のような視点で子どもを見取り、即時的な声かけを心がけた。
○自分のめあてを具体的につかみ、手がかりを生かして繰り返し試しているか。
○美しくできるかどうかのプロセスを面白がっているか。
○美しくするためのコツを具体的につかむことができているか。
○友達の試技に対して共感的にアドバイスしようとしているか。
○友達や自分の変容に気づいているか。
○技自体の行い方や場や用具に気をつけて安全な取り組み方をしているか。

5. 学びの道筋

時	問いと学習活動	子どもの姿
1	1　体ほぐしの運動をする。 2　学習課題を確認する。 　これまでの器械を使った運動の学習を想起したり、写真などを見たりしながら、大きな学習課題と手がかりをつかむ。 3　マットを使って経験のある技をやってみる。 4　感想を出し合い、学習の見通しを持つ。 【手がかり】　着手・向き・勢い・着地	○「美しい回転技をしたいな」とマット運動の意味をつかんでいる。 ○「着手・向き・勢い・着地は、どんな時にも必要そうだ」などと手がかりをつかんでいる。

2 3 4 5 本時 6 7	マットを使って○○を美しくすることができるかどうか	1　体ほぐしの運動をする。 2　問いからめあてをつかむ。 　Q1　お立ち台マットにシュッと立つためにはどうしたらいいのかな 　Q2　足をパッと開いて立つためにはどのようにしたらいいのかな 　Q3　後ろ向きでもできるかな 3　チャレンジタイムⅠ ・グループごとにやってみる。 4　見せ合って感じを確かめ合う。 ・難しさ（困り感）を出し合う。 ・コツについて共有する。 5　チャレンジタイムⅡ ・自分の課題にあった練習場所でやってみる。 6　片付け・ふり返りをする。	前転 大きな前転 とび前転 開脚前転 後転 開脚後転	○「遠くのお立ち台マットに立つためには、着手を遠くにするとうまくいったよ」と着手の位置について気付き、繰り返し試している。（前転・とび前転） ○「着手をグッと押す感じにしたら立てたよ」と着手の強さに気付いている。（後転） ○「頭を前へグンッと突き出すようにするとシュッと立てたよ」と向きを意識した身体の使い方を知っている。（開脚前転）
8 9 10		1　体ほぐしの運動をする。 2　問いからめあてをつかむ。 　Q4　長くなったマットでどんなことができるのかな 3　チャレンジタイムⅠ ・グループごとに組み合わせ方を考えて練習する。 4　見せ合って感じを確かめ合う。 ・技のつなぎ方について共有する。 5　チャレンジタイムⅡ ・グループで技の出来栄えを見せ合う。 6　片付け・ふり返りをする。	組み合わせ技 連続技	○「私は、ジャンプでつなぐようにしたよ」などと技のつなぎ方を考えている。 ○「最後にとび前転を入れるとかっこいいな」などと技全体の構成を考えている。 ○「発展技を入れたいから練習しよう」などと自分の課題に合わせた練習に取り組んでいる。

6．学びの様子

【第1時】マット運動ってどんな運動なのかな

　導入では、体操日本代表選手の画像を見せながら、競技の得点の仕組みや選手たちがこの運動に取り組む意味を話題にした。マット運動とは「マットを使って○○をより美しくすることができるかどうか」を楽しんでいることであると全員で共通理解した。既習の技をやってみる中で、基礎感覚の不十分な実

態があったため、単元を通して回転感覚や腕支持感覚づくりの時間を確保できるようにしたいと考えた。

【第2～3時】お立ち台マットにシュッと立つためにはどうしたらいいのかな

前転の美しさは「クルッと回転して、シュッと立つこと」であると確かめて前転に取り組んだ。シュッと立つ終末局面の不安定さを楽しんでいる様子であった。前転に挑戦している子どもたち

「お立ち台の位置を変えてやってみよう」

に「この上に立てるかなぁ」と言いながら、お立ち台マット（一辺50cmの正方形の滑り止め）を提示した。そのうち、お立ち台マットを少し遠くへずらす子どもが出てきた。このことを取り上げて全員で「お立ち台マットが遠くなってもシュッと立てるかどうか」に挑戦することにした。子どもたちは、立てそうで立てないことを楽しんでいる様子であった。どこに手をつけばよいかと着手の位置を手がかりにしながら、大きな前転やとび前転につながる動きが出てきたタイミングで、とび前転「ポーンととび出してクルッと回ってシュッと立つことができるかなどうかな」と問いを提示した。「大きく回転すれば遠くに立てるかもしれない」と意欲的に大きな前転やとび前転に取り組んでいった。

【第4～5時（本時）】足をパッと開いて立つためにはどうしたらよいのかな

「足を開いても立つことができるかな」と問いを提示して、開脚前転「クルッと回ってパッと足を開いて立つことができるかなどうかな」に挑戦することにした。膝が曲がってお相撲立ちになってしまう

「この向きでグッと押すといいのかなあ」

という困り感を取り上げると、シュッと立てるようになることを目指した。

「勢い」を手がかりにしていた子どもは、坂道マットを選んで練習に取り組んでいった。開脚のタイミングや着手の位置などを取り上げると、さまざまな手がかりに基づいて交流する姿が見られた。

【第6〜7時】巻き戻しだ！後ろ向きでもできるかな？

　これまでの技を美しくするためのコツを振り返ったところで「後ろ向きでもできるかな」と問いを提示した。後転「後ろへクルッと回ってシュッと立つことができるかなどうかな」では、まっすぐに立てない困り感を取り上げて進めることになった。友達のアドバイスが解決の手がかりになったことを取り上げて積極的にアドバイスを称賛すると、「もっとこうしたらどうかな」などと模範してみせたり、「見ててよ」と繰り返し取り組む姿が見られるようになった。

「この向きでグッと押すといいのかなあ」　　　「もう一回見ててよ」

【第8〜10時】長くなったマットでどんなことができるのかな

　各グループのマットを2枚から3枚にして、「長くなったマットでどんなことができそうか」と尋ねた。活動時間を確保する中で、子どもたちからは、技を連続させたり、組み合わせたりしてみたいという意見が出てきた。「もっとおもしろくする方法はないかな」と尋ね、「他の技もしたい」となったタイミングで、発展的な技カードを提示した。「すげ〜！」「無理〜！」と反応が返ってきた。

　技の系統や取り組む順序を理解させたあと、自分の課題に合っているかどうかを声掛けしていく中で練習を始めた。第8時の振り返りでは、「新しい技をしたり、ただ連続させたり組み合わせたりできればよいのかな」と大きな課題に立ち返らせるようにしたことで、「連続技や組み合わせたりできればよいのかな」と大きな課題に立ち返らせるようにしたことで、「連続技や組み合わせ技を美しくしよう」という大きなめあてを立ち上げた。

　第9時では、「技そのものをもっと完璧にしたい」「組み合わせ方を試したい」

という課題意識に対して練習の場を自らの課題に応じて選択できるようにした。

「美しさの出来栄えを確かめたい」となったところで最後はグループと見せ合うことになった。「まだ練習させてほしい」という意見を受けて、技の組み合わせ方を考える活動時間を確保していっ

自分の動きを確かめる姿

た。子どもたちは、「前転なら連続でできるから取り入れてみよう」などと、連続する美しさや組み合わせ方の美しさ試していった。

7. 本時の学び

①本時のねらい

　開脚前転をより美しくするために、「着手」「向き」「勢い」「着地」といった手がかりに基づいて技を試す中で、自分の課題に応じた練習ができるようにする。

（思考・判断）

②本時の展開

学習活動	教師の支援
1　体ほぐしの運動をする ・オセロゲームや壁倒立ドンじゃんけんをする。 2　問いからめあてをもつ ・一度試してみる。 ・「立てない」「膝が曲がる」「開かない」などの困り感を出し合う	・腕支持感覚を養えるようにする。 ・これまでの活動の様子や困り感をあらかじめ掲示しておくことで、今日の課題について想起しやすくする。 ・「どのようにしたらシュッと立てるのかな」と問うことで、自分の課題に応じた開脚の仕方に目を向けやすくする。
学習課題　どのようにしたら、シュッと立つことができるのかな	
3　チャレンジタイムⅠをする ・開脚前転を練習する。 ・「勢い」について互いに見合う。 ・「着手」の位置について互いに見合う。 4　コツを共有する ・勢いを出すために坂道をつくった場を準備する。	・手がかりと運動の分解図を掲示しておくことで、自分のめあてを持ちやすくする。 ・「うまくシュッと立てた時は、どのような体の使い方だったのかな」などと声かけをすることで、自分が気を付けた手がかりを想起できるようにする。

・うまくいった時うまくいかなかった時の体の使い方を比べる。 5　チャレンジタイムⅡをする ・コツを確かめながら練習する。 6　片付けと振り返り ・安全だったか、さらに試したいことは何かを振り返る。	・足を開くタイミングについて意識を向けた子どもの意見を取り上げることで、回転の勢いを活かしたスムーズな開脚に目を向けることができるようにする。 ・勢いよく立ち上がれた子どもに対して「いまのは何に気を付けたからうまく立てたの」などと尋ねる。 ・「うまくいかないときはどんな時か」と尋ねる。

【授業に参加して】　　　　　　　　　　　　　　　　　レポーター　大橋　潔

　観察した本時は、「開脚前転をより美しい技に完成させる」学習であった。「どうしたら美しくなるのか」という問いで、「美しい技」を全体でイメージさせ、「足の開き具合」を共通の課題として解決するための活動が始まった。子どもたちが活動を始めてからも、松本先生からは「どうしたの？」「なんで？」「どうしたいの？」という言葉が、子どもにシャワーのごとく投げかけられていた。子どもは、その問いに時には戸惑いながら、時には堂々と返答して自分の考えを伝えていた。

　松本先生の言葉は、子どもの無意識の行動を意識化させ、自分たちの学習活動を振り返らせていた。子どもの活動をまず認め、自分たちの活動を説明させる教師の言葉と子どもの返答は、確実に取り合えるキャッチボールのようで、着実に「足の開き具合」を意識した活動ができるように変容していた。松本先生から「こう動きなさい」「こうなるように練習しなさい」という明確な指示がなかったため、観察者の私は、子どもが課題を解決するための活動に集中できないのではないかと危惧したが、松本先生の「子どもの活動をほぐす言葉」が子どもの運動意欲を掻き立て、むしろ子どもに動きを意識化させることで活動すべきことを明確に持つことができていた。教師から示された練習内容を積極的に行う自主練習ではなく、教師の提案から自分たちで練習方法を見つけ出し、試してみるという主体的な活動になっていた。

　　注3)「ファシリテーター（facilitator）」とは、グループの構成員の人間関係や態度、コミュ

ニケーションの取り方や頻度、グループ内の意思決定の方法などを適切に観察し、介入と促進を行う者を意味する言葉である。

Ⅱ-（1）第1学年　鉄棒を使った運動遊び

授業者　前場 裕平

1. 単元名　レッツゴー！てつぼー！！
2. 単元について
（1）育みたい見方・考え方

　本単元における見方・考え方は、「自分の動きや友達の動きを、身体的・時間的な視点に着目して分析し、友達の動きと比べながら考えること」である。器械・器具を使った運動遊びの領域は、「腕支持感覚」「逆さ感覚」など、普段の生活の中では養いにくい運動感覚や動きが身に付き、あらゆる運動の基盤となる力を育てることにつながる領域だと言える。また、自分の体を「こんなふうに動かせばよい」という意図的な身体操作を学べるところにも価値がある。

　本単元では、こうもり振りのスイングを大きくするために、どのような身体の使い方をすればよいか、パッと着地するために、どのようなタイミングで足を離せばよいかを考えていく。そのためには、自分はどれくらいスイングができているかをメタ認知[注4]できることが大切である。そして、友達の動きと比べながら自分と友達の体の使い方の違いやスイングの大きさの違い、そして足を離すタイミングの違いに気付き、技に生かしていくことをねらっている。

（2）見方・考え方を育む単元構想

　本単元で扱う、鉄棒を使った運動遊びは技ができたときの喜びが格別である一方、できなかったときには運動に対して否定的な感情が生まれやすいと言われている。さらに、基礎的な力や感覚を欠いている場合には、落下するのではないかという恐怖感がつきまとい、体を思うように動かせない子どもも多い。そのためにも、鉄棒を使った運動遊びだけで必要な感覚（逆さ感覚・バランス感覚・振動させる感覚・締めの感覚）を味わわせるのではなく、本単元までに「固定施設を使った運動遊び」を学習することで、基礎的な感覚づくりを継続

的に行っていきたい。

　また本実践では、課題を解決したいという思いや願いを抱けるよう、また夢や憧れをもてるよう高松市にある香川県立高松北中学校・高等学校の器械体操部の練習風景を見学する時間を単元の初めに設定した。子どもたちは、中学生・高校生のお兄さん・お姉さんの体操の演技を観ることで感動が生まれ、器械運動への憧れ、お兄さんお姉さんへの憧れをもって技に挑戦できるようになる（もちろん事前に高松北中学校・高等学校体操部の顧問の教員と打ち合わせをして本単元に関係する技を見せてもらっている）。

　その後に、お兄さん・お姉さんが行っていた「こうもり振り下りを完成させよう！そのためにも、学級の目標である『あきらめない心』『助け合いの心』で全員こうもり振り下りができるようになろう！」という単元の課題を設定した。個人の技の達成の喜びはもちろんのこと、集団での技の達成を目指し、大きな集団的達成の喜びを味わえることは、低学年での発達段階に適していると考える。そのためにも単元を構成するに当たり、子どものつまずきや課題となっている現実をしっかりと捉えた上で思いや願いに沿って計画していく。また、必然的な話し合いの中で問題解決ができるように、単元を通してグループを3人1組と設定し、友達の課題やできるようになったことを確認しながら学習を進め、共感的・協同的に問題解決を図る状況づくりを行う。

(3) 見方・考え方を育む指導と評価

　指導に当たっては、低学年という発達段階を考慮し、「比べる」という見方・考え方を中心において動きを考えたい。友達と自分の動きを比べたり、感じ方の違いを比べたりする活動を通して、よりよい動きにしていく吟味ができるようにする。その際には、感覚的な言葉（オノマトペなど）も使いながら、子どもの共通の言葉になるように工夫することで育みたい見方・考え方に迫りたい。

　評価に当たっては、自分の動きと友達の動きを比べながら、こうもり振りのこつを見付けていく過程における子どもの姿を評価する。また、グループの友達の課題に寄り添い、一緒に課題を解決したいという気持ちを抱きながら課題解決していく姿も評価の一つとし、こつを生かして友達と共に動きが高まって

いくように指導する。
 3. 単元の目標
　　・運動に進んで取り組み、自分の動きの感覚や技のこつを見付けようとしている。
　　・友達の思いを大切にしながら、グループで協力して学習している。
　　・自分の動きや友達の動きを、身体的・時間的な視点に着目して分析し、友達の動きと比べながら考えている。
　　・こうもり振り下りに必要な身体の使い方や力の入れ方が分かり、こうもり振り下りができる。
 4. 見方・考え方を育む単元構想（全8時間）
　単元を通しての技の中心は「こうもり振り下り」である。こうもり振り下りは、逆さ姿勢、スイング、腕支持感覚、脱力など鉄棒運動に必要な基礎的運動能力を養うのに適した技であり、身が軽い低学年という段階にも合っている。
　また、上達のためのポイントがはっきりしているため、低学年でもポイントが見付けやすく、教え合いがしやすい。さらに、技自体がたいへんダイナミックであるため、子どもたちの意欲がかき立てられ、成功した時には大きな達成感を味わうことができる。

次	時	学習活動	問題を解決する過程における子どもの意識の流れ
1	①	○高松北中学校・高等学校体操部への見学をふり返り、単元の課題を共有する。	○お兄さんお姉さんの演技はすごかったな。とてもかっこよかったよ。私もあんなふうになりたいな。 ○こうもりで下りた技がすごかったよ。ぼくもやってみたいな。 ○こうもり振り下り（ブーランブーランパッ）を完成させたいね。そのためにもしっかりと練習したいな。
		○いろいろな鉄棒遊びを考えて行う。	○逆さの状態で、いろいろな遊びを考えよ。「こうもりタッチ」や「こうもりじゃんけん」を続けてやってみたいな。 ○こうもりで下りるためには、大きくスイングをしないといけないね。もっと大きく「ブーランブーラン」ってしたいな。

2	② ③ ④ ⑤ ⑥ ⑦	○こうもり振り下りができるようになるために練習する。	○大きくスイングしたいけど大きくならないな。できている友達と、どんなところが違うのかな。 「見方・考え方」 　スイングに関係する身体的な感覚に着目し、友達の動きと自分の動きを比べながら考える。 ○こうもり振りのスイングの大きさは、手やあごの使い方に関係しているんだね。 ○スイングは大きくなったけど、足を離すタイミングが難しいね。立って着地をすることができないよ。できている友達と、どんなところが違うのかな。 「見方・考え方」 　足を離すタイミングに関係する時間的な感覚に着目し、友達の動きと自分の動きを比べながら考える。 ○連続写真を見てみると、私が足を離しているタイミングは早いね。どのタイミングで離したらいいか目印があると分かりやすいね。 ○一番高くなる時に足を離したらいいね。友達に立ってもらって友達の顔が見えたら足を離すよ。 ○こうもり振り下りができるようになったよ。友達もできるようになってきたね。
3	⑧	○こうもり振り下りでいろいろな技をつくる。	○1回のスイングで下りたり、着地する前に半分ひねりを加えたりできたよ。こうもり振り下りだけでも、いろいろな技をつくることができるんだね。高松北中の体操部の人に、見てもらいたいな。もっといろいろな技にも挑戦してみたいな。

5. 学びの様子

【第1時】

　課題を解決したいという思いや願いを抱けるよう、また器械運動に夢や憧れをもてるよう、高松市にある香川県立高松北中学校・高等学校の器械体操部の練習風景を見学する時間を設定した。見学後、子どもたちからは「こうもりからくるんと回って下りる技がかっこよかった」という言葉が聞かれ、「こうもり振り下り」を完成するという目標を子どもたちと共につくった。

STEP10：達人教師の授業　131

動きのイメージづくり

技への憧れ

【第2〜3時】
　鉄棒が苦手な子どもも積極的に活動を楽しめるよう、膝のサポーターを付けて痛みを取り除くこと、鉄棒の下にはマットや布団を敷き、落下しても痛くないようにすること等の場の工夫を行った。

こうもりじゃんけん

　また、技の学習に必要な「逆さ感覚」を培うために、逆さでの遊びを子どもと共に考えた。「こうもりじゃんけん」「こうもり玉入れ」など、いろいろな遊びをつくり、これからの授業でも継続的に行うようにした。運動が苦手な子どもからも「いろいろな遊びがつくれるね。これなら、私もできそうだよ。もし下に落ちても痛くないしね」という声が聞かれた。安心感を与えられる場づくりや学習活動が大切であると感じた。

【第4時】
　逆さ感覚にも慣れ、子どもたちは「こうもり振り下り」に積極的に挑戦していた。子どもたちは「こうもり振り下り」を「ブーランブーランパッ」

ブーラン

と擬態語で呼んでいた。技に挑戦していく中で、なかなか大きくスイングできないことに子どもたちは気付いてきた。ある一人が「先生、どうやっても大きくブーランブーランができない。大きく振れないと絶対着地ができない」と声をかけてきた。全員を集め、その悩みを多くの子どもが抱えていることを確認した。そして、字の大きさを変えた「ブーラン」という言葉を板書し、次の時間はブーランを「ブーラン」に変えるための秘密を見付けることを学習目標として子どもと共有した。

【第5時】
　ブーランを「ブーラン」に変えるための秘密を見付けることを学習課題と設定して、授業を行った。活動が進む中で「H君のブーランがとても大きいよ。H君を見れば秘密が分かるかもしれないね」という言葉を子どもがかけてきた。そこで、H君の技を見ながらクラス全員で秘密を見付けていった。子どもたちからは、「H君は手で助走をつけているよ」「頭を縦に振っているよ。あごも使っている」など、身体的な視点（身体の使い方）での意見が多く出た。子どもたちはその秘密を生かしながら練習に取り組んでいった。自分のスイングの大きさがメタ認知できるように、塩ビパイプにゴムを付けて、どの高さまで自分の手がゴムに届くかを確認しながら行った。

大きなブーラン

子ども同士の言葉のかけ合い

【第6（本時）〜8時】
　大きくスイングができるようになった子どもが増えてきたが、着地が上手にできない子どもが多い。「どのタイミングで足を離しているかが分からない」

という子どもの言葉を
受け、教師は一人ひと
りの連続写真を用意し
た。子どもたちは、自
分の連続写真を見て、
「足を離すタイミング
が早い」「高い場所で

着地のつまずき

足を離そう」など、自分自身の課題を見いだしていた。その後の練習で、「ぼ
くの顔が見えたら足を離してね」と言って友達の目の前に立った子どもがいた。
教師は、その場に子どもたちを集め、目の前に立った意図を問い、「目印が見
えたら足を離すと分かりやすい」ことを子どもたちと話し合った。

その後、目の前に立つ子どもやマーカーをもつ子どもの姿が見られるように
なった。最終の8時間目では、友達とこうもり振り下りを合わす姿や少ない
回数で下りる子どもの姿も見られた。単元を通して、技が成功した子どもは
26名中19名であり、「できなくて悔しかった」と言う子どもが7名いること
も事実である。すべての子どもに「できる喜び」を味わわせるためにも、今後
さらなる研究が必要である。

6. 本時の学習指導

(1) 目標
・こうもり振り下りのタイミングを，身体的・時間的な視点に着目して，友達の動きと比べながら自分の動きに生かしている。

(2) 学習指導過程

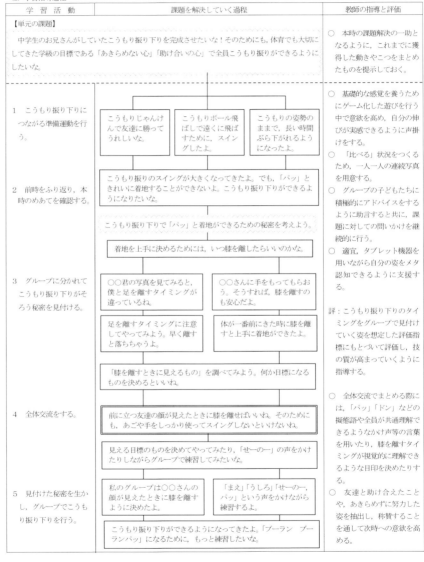

【授業に参加して】　　　　　　　　　　　　　　　レポーター　山西 達也

　前場先生が授業の達人といわれる所以は、「深い教材研究」「単元や本時での巧妙なしかけ」「学級経営」の3つと考えます。本実践を、この3つの視点から分析したいと思います。

1. 深い教材研究

　鉄棒を使った運動遊びにおいて、子どもに身に付けさせたい感覚として「腕支持感覚」「逆さ感覚」などがあります。これらは、どの先生方も意識するところですが、前場先生は、「意図的な身体操作」という、体育科における究極の目標を常に目指し取り組んでいます。このように、領域の特性と教科の特性に着目した点から授業づくりを行うことで、子どもの発育・発達に応じた柔軟な指導や支援が行えます。前場実践は、単元間のつながりを考え、前単元は「固定施設を使った運動遊び」を行い、子どもの意識を継続させながら、本単元を開始し、運動感覚が養えるように考えています。このように、ミクロな視点（領域特性）とマクロな視点（教科特性）から授業を構想することが大切です。

2. 単元や本時での巧妙なしかけ

　対象との出会い方によって、その後の活動への関わり方が変わってくるのは誰にでも経験のあることです。だからこそ、子どもたちが対象に、肯定的に出会うようにしたいものです。本実践では、子どもたちが夢や憧れをいだくように「中・高等学校の器械体操部の練習を見学に行く」というしかけを講じました。この衝撃的な出会いによって、子どもたちの鉄棒に対する意欲がぐっと高まったことは容易に想像できます。

　また、技能差が大きい運動だからこそ、個人追究になりがちですが、前述の本物との出会いによる共通体験と学級目標（あきらめない心、助け合いの心）をつなぐことで、集団達成型の単元展開にしているところに感心しました。このように集団達成型の授業を構成し、子ども同士が学び合う状況づくりによって、苦手な子どもたちでも臆せず取り組むようになっていました。さらには、結果として技ができなくても、運動に取り組む面白さやよさを感じることができ、本単元以降も主体的に運動に関わるようになったと聞きました。

3. 学級経営

　達人といわれる先生の授業に共通することは、子どもがいきいきと活動に取り組んでいる姿があります。そのような姿になるためには、本時の授業の質と共に、学級経営が大切です。前場先生の学級を参観していると、子どもがのびのびと活動に取り組み、感じたことを誰でも自由に発言する雰囲気がつくり出されています。このような温かい学級になっている要因として、前場先生が一人ひとりの声をじっくりと聞いているからだと推察します。また、子どもの声に対して、ユーモアを交えながら、子どもの挑戦欲を高める声かけも見逃せないところです。やはり、子どもの声に耳を傾け、その言葉が発せられた子どもの背景をしっかりとくみ取り、対応していくことを学校生活のすべてで心がけていくことが、学級経営には欠かせないということを再認識しました。

　注4)「メタ認知」とは、自己の認知活動（知覚、情動、記憶、思考など）を客観的に捉え、評価した上で制御することであり、学習や問題解決場面で、いつ、どのような方略を用いるか、といった知識や判断も含まれる。

Ⅱ-(2) 第3学年　鉄棒運動

授業者　松田 元宏

1. 単元名　ぶらぶらしてみよう
2. 授業づくりの考え

【動きのおもしろさ】		【学習内容】
○ぶらぶらして元の姿勢に戻ることがおもしろい。 ○さかさまになったりくるくる回ったりするめまいの感覚がおもしろい。	⇔	○基本的な上がり技や支持回転技、下り技をすること。 ○きまりを守り、友達と励まし合って運動をすること。 ○基本的な技の動き方や技のポイントを知り、自分に合った課題を選ぶこと。

↓　　　　　　　　　　　　　　↓

【教師の意図】
　本学級は、鉄棒運動に意欲的な子どもが多く、いろいろな回り方に取り組む姿が見られる。休み時間には友達と一緒に同じ技をしてみたり、新しい回り方に挑戦したりしている。しかし、中には鉄棒運動に対して苦手意識を持つ子どももおり、決められた技が「できる・できない」を中心として学習をすすめていくと学習意欲に差が見られると考える。そこで本単元では、「ぶらぶらしてみよう」のテーマのもと、子どもたちが自分なりに鉄棒とかかわり、ぶらぶらすることから生まれてくる動きを広げたり、その動きやコツを説明したりできるような学習をすすめていきたいと考えた。
　「やってみる」では、子どもたちがやってみたい動きを自由に行えるようにしたい。前から挑戦している回り方や、友達と一緒に回ってみたいと考えることが予想される。また、「連続で回りたいな」「もっと高い鉄棒で回りたいな」という思いをもつ子どももいるかもしれない。このように、やってみたい内容は子どもによって大きく違うであろう。子どもたちには、どのようにして回っているのか、コツは何なのかを意識していけるように言葉かけをしていきたい。
　また、安全に活動できるように、マットを敷くことにした。恐怖心を和らげることで、みんなが勢いよく回る活動をすることができると考える。

3. 単元の目標と学習計画

単元の目標	○基本的な上がり技や支持回転技、下り技ができるようにする。 ○きまりを守り、友達と励まし合って運動をすることができるようにする。 ○基本的な技の動き方や技のポイントを知り、自分に合った課題を選ぶことができるようにする。

学習計画（4時間）

場面	学習活動（時間）	子どもの意識と姿 （★は意識、●は姿）	舵取り・支援
	1　自分がやってみたい動きや友達とかかわりながら「ぶらさがる」運動を楽しむ（2時間）。	★いろいろな向きでぶらぶらしたいな。 ★友達と同じことをやってみたいな。 ★もっと難しいぶら下がり方や回り方に挑戦したいな。	○地面にマットを敷くことで安全に運動ができるようにする。

やってみる	【1単位時間の流れ】 (1) めあてを確かめ、学習の見通しをもつ。 (2) 「ぶらさがる」運動を楽しむ。 (3) 感じや気付きを共通理解する。 (4) もう一度運動を行い、感想を学習の足あとに記す。	●さかさまになったり手足やお腹でぶらさがったりしている。 ●友達の動きを見たり同じ場で活動したりしている。 ●いろいろな場面でぶらさがってみたり前方や後方に何度も回ろうとしたりしている。	○動きが止まっている子どもには、友達の動きを見てみるように伝えることで、活動のめあてがもてるようにする。 ○ぶらさがり方や回り方の例を確認しておくことで、見通しをもって運動をすることができるようにする。
ひろげる	2 「元の姿勢に戻る」ことを意識して、いろいろに「ぶらさがる」運動を楽しむ（2時間）。 【1単位時間の流れ】 (1) めあてを確かめ、学習の見通しをもつ。 (2) 「ぶらさがる」運動を楽しむ。 (3) 感じや気付きを共通理解する。 (4) もう一度運動を行い、感想を学習の足あとに記す。	★上がったり下りたりする技もやってみたいな。 ★友達に回り方のコツを教えてあげたいな。 ★もっと動きを工夫してみたいな。 ●足をかけて上がろうとしたりピタッと着地しようとしたりしている。 ●友達に技のコツを伝えたりやって見せたりしている。 ●ぶらさがった状態でいろいろな動きを考えている。	○「元の姿勢にもどれるかな」と言葉かけをすることで、次の動きをスムーズに行えることを意識できるようにする。 ○動きのポイントを考えるように言葉かけをすることで、技を伝え合うことができるようにする。 ○回り方以外を工夫している子どもがいれば称賛し、さまざまな動きを増やすことができるようにする。

4. 学びの様子

【第1時】

「いろいろにぶらさがってみよう」というテーマから、子どもたちは空いている鉄棒の場所へ移動した。マットや跳び箱を用意しておいて、自由に持っていけるようにしていた。マットや鉄棒の数にも限りがあるため第1時では、

場を整理することを意識して子どもとかかわった。下の写真は、マットを横に並べて1人が補助具を用いた逆上がり、もう1人は隣の鉄棒の子どもと一緒に膝をかけてぶらさがる運動をしている様子である。逆上がりをしている子どもは、横向きのマットでは、着地に対して恐怖心があるように思えたので、マットを縦向きしたらどうかと提案した。また、膝をかけてぶらさがる運動をしている2人には、同じ鉄棒でやってみるよう促した。そのことで、勢いよく足を振り上げることができ、くるっと回ることができた。膝をかけてぶらさがっている2人からは、自然と「せーの」という声が聞こえ、同じ動きでシンクロするおもしろさを味わっていた。

怖くないよ

合わせてやってみよう

【第2時】
　第2時では、大きく分けて3つの場に分かれていた。1つは、鉄棒が得意でどんどん動きをひろげていこうとする子どもたちの場である。この場では、連続の逆上がりや、こうもり振りなどに挑戦する子がいた。すでに数人のグループで教えあっている様子が見えた。そこで、ロープやタオルなどを提示したり、「誰が1番体を振れるかな」と言葉かけをしたりした。うまくいったことは、グループの友達に伝えるようにした。2つ目は、やってみたい動きにもくもくと挑戦している場である。

逆上がりをやりやすくしよう

　右の写真の子どもは補助具を使っての逆上がりに挑戦している。何度もくり

　　　　少し遠いかな　　　　　　　　　　上がれた

かえし挑戦していたが、なかなか上手くいかなかった。そこで、補助具を少し手前に引くように支援した。腰と鉄棒との距離が近くなったことで、くるっと回ることができた。3つ目は、何をしたらよいのか迷っていて、動きが停滞している子どもたちの場である。そこでは、グループを作ってお互いの技を見せ合うことや、工夫して新しい動きを作ってみるように促した。例として、「いろいろな姿勢でジャンケンすること」を提案した。最初は、つばめの姿勢でジャンケンをしていたが、もっと違う姿勢はないかと思考し始めた。

【第3～4時】

　第3～4時になってくると、自分のめあてが明確になり、やりたい動きに挑戦する姿が見られた。右の写真は、かかえ込み回りや前回り下り、両膝掛け倒立下りなどに挑戦している様子である。

　4時間目の授業から、「上がって、回っ　　　　いろいろな技に挑戦
て、下りよう」を意識させたことで、連続した1つ1つの技のスムーズさを思考するようになった。特に、単元前半と比べて技のつなぎを意識する時間が増えた。「元の姿勢に戻ろう」とする動きのおもしろさに夢中になっているようであった。教師のかかわりとしては、スムーズさの手応えを問うように心がけた。そうすることで、自分のイメージしていた動きや友達の動きと比べて今の自分を見つめ直すことができ、自分の変化（動き方や感じ）を認識できると考えた。単元の終末では、休み時間や放課後に挑戦している子どもの姿が見られるようになり、鉄棒と遊ぶおもしろさが深まってきていると手応えを感じた。

5. 本時の学び（2／4）
(1) 本時の指導について

　子どもたちは、前時までに自分なりの「ぶらさがる」運動を楽しんでいる。自分がやってみたい回り方や、友達と一緒にタイミングを合わせて回ることに挑戦している。しかし、挑戦しているものの、まだ自分の思い通りの動きができている子どもは少ない。前時は、場の整理を中心に行ってきたが、本時では、動きのポイントを与えることを中心にかかわっていきたい。しかし、子どもが必要としていない技術を教えたり、無理に動きを強要したりしては、子どもの意識が停滞しかねない。今、子どもたちがどうしたいのか、何を必要としているのかを見取りながら、支援していけるようにしたい。

(2) 本時の目標

　自分がイメージしている動きに挑戦したり、友達の動きや教師の支援を参考にしたりすることで、よりよい動きやコツを見つけることができるようにする。

(3) 展　開

（★は意味づけされていく子どもの意識、●はその姿、丸数字は時間配分を示す。)

学習活動と子どもの意識や姿	教師の支援
1. これまでの学習を振り返り、本時の学習の見通しをもつ。　⑩ ★前回は○○に挑戦したな。 ●前時に挑戦した技を伝えようと手を挙げている。	○前時にした動きがどのようなものであったのか発問することで、本時の活動への意欲を高めることができるようにする。 ○見つけたコツがある子どもを紹介することで、動きを参考にすることができるようにする。
2. やってみたい動きに挑戦する。　⑳ ★何かコツをつかんだ気がするぞ。 ★どうしたら上手くいくのかな。 ●夢中になって何度も同じ動きに挑戦している。 ●コツを見つけようと友達の動きをみたり、聞いたりしている。	○跳び箱やタオルなどを用意することで、やってみたい動きに挑戦しようとする意欲が持てるようにする。 ○技のポイントを伝えることで、よりよい動きへとつなげることができるようにする。 ○友達の動きを見るように伝えることで、動きのポイントを見つけることができるようにする。

3. やってみて上手くいったことや新しく挑戦している動きについて話し合う。　　　　　　　　　　⑤ ★こんな回り方も見つけたよ。 ●新しい動きをやってみせようとしている。	○新たな動きや技のポイントを見つけた子どもを紹介することで、多くの子どもが情報を共有することができるようにする。
4. 共有したことをもとに動きに挑戦する。　　　　　　　　　　　⑩ ●先ほどの動きや新しい動きをやろうと鉄棒の場へとかけだしている。	○やってみたい動きがなかなかうまくいかない子どもがいたら、新しい動きに挑戦したり、友達と一緒にやってみたりするように言葉かけすることで、意識が停滞せずに活動することができるようにする。

【授業に参加して】　　　　　　　　　　　　　　　レポーター　湯口　雅史

　1時間目に参加しました。4人の子どもが、鉄棒運動はあまり好きでないようです。理由は、「怖い」「できない」「痛い」と発表していました。松田先生は、あらかじめ子どもが鉄棒運動に抱いている負の要因を予想し、鉄棒の下にはマットを用意しています。そして、子どもに、「怖い」「痛い」は存在しない環境であることを説明し、思い切って運動に取り組むよう意欲付けました。このように、行う運動の負の要因を予想し、環境を整えることで運動への意欲的な取り組みを保障することができます。

　1時間目ということもあり、松田先生は、子どもが鉄棒とかかわる様子から、学習課題を設定していこうと考えていました。「鉄棒運動とは…」というように、子どもの実態の外側に実体化されて学ぶべき内容は存在します。このような学ぶべき内容に子どもを当てはめていくのではなく、子どもの実態から学ぶ内容をつくり出そうと授業をスタートしました。と言っても、何も課題を示さずに学習を展開させることはできません。そこで本時は、鉄棒運動には「上がる」「上で何かする」「下りる」の3つのおもしろいことがあると知らせ、「3つのおもしろいことを発見しよう」と問いかけ、子どもを放しました。人気だったのは、「こうもり」です。「こうもり」に挑戦している子の中に、なかなか片手が放せず、「怖い」と戦っています。そこへ、先生が現れるのですが、すぐに補助や声かけをしませ

ん。その子の状況を、しばらく見ていました。そして、"怖い"の克服が必要と判断し、腰を支え、両手をマットに着手させ、あごを上げて目線を上げることを指示しました。松田先生の、個やグループへのかかわり方は、子どもの状況を見てから、今ここに何を必要としているのかを、先生がもっている引き出し情報から取捨選択し、子どもにかかわっていました。

　1時間目は、多くの子どもが、「上で何かをする」に興味を示しました。松田先生は、「前年までの、鉄棒遊びでおもしろかったことを試行しているようなので、急に技達成に展開していくよりかは、まず、『上で何かをする』ことにこだわらせ、『上で何かをする』ための必然として、『上がる』『下りる』を思考させていきたい」と言い、次時は、「鉄棒の上で自分の得意なこと、オリジナルなことを見つけよう」と課題を設けることを、予告しました。

Ⅱ-(3) 第5学年　鉄棒運動

授業者　富田　知之

1. 単元名　クルッと回ろう
2. 運動の考え方と単元展開の意図

　器械運動は、新たな技ができるようになったり、技が上手にできるようになったりした時に喜びを味わうことができる運動である。高学年の鉄棒運動は、基本的な上がり技や支持回転技、下り技を安定して行うとともに、それらを繰り返したり、組み合わせたり、発展技に挑戦したりして楽しむ運動である。しかし、これらの運動の特性を軸として単元を構成すると、「できたら楽しい」「できないと楽しくない」という価値観に陥ってしまう恐れがある。鉄棒運動が得意でない子どもにとっては、単元中、すべて練習の時間になるであろう。そこで、技の獲得数や完成度に着目するだけではなく、技に挑戦する過程に生じる動きや気持ちの変化や思考の変化が自覚できる単元を構成しようとした。

①動きの変化

　単元初めに、逆さ感覚に慣れるための「ふとんほし」「こうもり」などの感覚づくりの時間を取り入れた。気を付けることとして、「ふとんほし」では、

おへその下で鉄棒を挟み込み、軽く膝を曲げてから手を離すこと、「こうもり」では、足抜き回りの動きから足を掛け、ゆっくり手を離すことを伝える。この情報により、最初は逆さになることに怖さを感じて体が硬くなっていた子も力が抜け、逆さになることへの抵抗が少なくなると予想している。また、「ふとんほし」や「こうもり」から体を少しずつ振動させ、その振動をできるだけ大きくしていくことにより回転感覚を養うことにつながるようにしていきたい。

②学び方の変化

　鉄棒運動の学習への参加の意識は、逆さ感覚（ブラブラ）や回転感覚（クルッ）という「動きのおもしろさ」をしっかりと味わうことにより高まると考える。そこから、同じ技を繰り返して行ったり、いろいろな技を組み合わせたりして、これまでに味わってきたおもしろさが広がるようにしていきたい。また、できる技を何人かでシンクロさせたり、順番に連続して行ったりすることにより、鉄棒運動の新鮮な「おもしろい」を芽生えさせたい。

3. 単元の目標と学習計画

単元の目標	○基本的な上がり技や支持回転技、下り技ができるようにしたり、それらの技を繰り返したり、組み合わせたりして楽しむことができるようにする。 ○運動に進んで取り組み、約束を守り、助け合って運動したり、場や器械・器具の安全に気を配ったりすることができるようにする。 ○自己の能力に適した課題の解決の仕方や技の組み合わせ方を工夫できるようにする。

学習計画（6時間）

学習活動（時間）	子どもの意識と姿 （★は意識、●は姿）	支　援
1. クルッと回って楽しもう。　　　　　（3時間） 【1単位時間の流れ】 (1) めあてを確かめ、学習の見通しをもつ。	★4年生までに、「逆上がり」「足かけ回り」「だるま回り」をして楽しんだよ。今年はどんな鉄棒運動の学習をするのかな。 ★逆さになるのが怖かったり、回っていて落ちるのが怖かったりするけど、楽しめるかな。	○「ふとんほし」のまま話をしたり、「コウモリ」のままジャンケンをするなどして、楽しみながら逆さ感覚が養えるようにする。

（2）自分に合った鉄棒や補助具を選択して、鉄棒運動を楽しむ。 （3）感じたことや気付きを共通理解する。 （4）共通理解したことをもとに、もう一度行ってみる。	●これまでに学習した鉄棒の技に挑戦して楽しんでいる。 ●怖さや痛さを和らげるためにマットや緩衝材のある場所を選んで運動に取り組んでいる。 ●「ふとんほし」や「こうもり」等の体勢からの体の振りが大きくなっている。 ●友達と協力して、回転に勢いを付けようとしている。 ●友達のよい動きを取り入れようとしている。	○マットや緩衝材などの補助具を用意することで、恐怖感を少なくしたり、痛みを和らげたりする。 ○子どものよい動きを取り上げ、問いかけや言葉かけをすることにより、動きの情報や工夫の仕方を共有できるようにする。
2．友達とクルッと回って楽しもう。　（3時間） ＊本時 1/3 【1単位時間の流れ】 （1）めあてを確かめ、学習の見通しをもつ。 （2）友達と順番に回ったり、動きを合わせたりして回って楽しむ。 （3）お互いのグループの動きを見合い、よい動きを話し合う。 （4）よい動きを自分たちのグループに取り入れてもう一度行う。	★「逆上がり」「前回り下り」「膝掛け回り」でクルッと回ることができたよ。 ★一人じゃできなかったけど、友達が教えてくれたからできるようになったよ。 ★同じような動きをしていた友達と2人で一緒にクルッと回ると楽しかったよ。 ●技を組み合わせたり、繰り返したりして楽しんでいる。 ●友達の動きを取り入れ、一緒に動きを合わせて回ろうとしている。 ●同じ回り方をしている友達が数人集まって、順番に連続して回ったり、5〜6人で一緒に動きを合わせて回ったりしている。 ●ちがうグループの動きを見て、よい動きを取り入れたり、自分たちのグループでできる回り方で一緒に回ったりして楽しんでいる。	○同じような動きをしているペアにかかわり、タイミングを合わせて回るおもしろさに気付かせる。 ○5〜6人のグループで合わせて回ったり、順番にリズムを合わせたりして回るときには、最初は太鼓を使うことで、タイミングをつかみやすくする。 ○協力して楽しんで活動を行えているグループを紹介することにより、簡単な技でも、友達とタイミングを合わせて回るおもしろさに気付かせる。

4. 学びの様子

【第1時】

　雨天で、運動場が使用できなかったため、ITCを活用して、鉄棒のいろいろな技の動画を見た。その中からできそうな技、やってみたい技を選ぶことで次時への意欲をもたせることができた。

　また、鉄棒運動に対する思いを話し合った。運動前の子どもたちの思いは、「クルクル回ることが楽しい」と答えた子もいた。その一方で「逆さになるのが怖いし、回っていると手やおなかが痛くなるからしたくない」「できる技が少ないから楽しめない」などの声が聞かれた。この単元の学習を通して、器械運動は「できなければ楽しめない」という価値観が少しでも変わることを願い、「クルッと回ろう」の単元を立ち上げることとした。

【第2～3時】

　単元を通して、導入の5分の時間を使って、感覚つくりの活動を行った。「つばめ」や「ふとんほし」の姿勢のまま、隣で同じ姿勢をしている友達や前に立っている友達と足ジャンケンをして、勝敗によって場所を交代する活動を行った。

どっちがかっこいい

　このときに、肘をしっかりと伸ばし、腰骨の辺りで体を支えるように言葉かけを行うことにより、安定してこの姿勢を保ち、回転の軸となる箇所に気付かせることができた。技の達成や出来栄えにこだわるのではなく、鉄棒とかかわり、クルッと回って楽しむことを活動の中心に学習を進めた。

手を離しても大丈夫よ

鉄棒の下にマットを敷くことは、逆位の怖さを取り除くだけでなく、思い切った振動という動きの変化にもつながった。

　また、友達の動きを見合い、教え合って活動を行うことにより、運動に楽しんで取り組むことができ、鉄棒運動に苦手意識があった子どもも「もっとやっ

てみたい」という意識の変化が見られた。
【4～6時】
　単元が進むにつれて、「前方支持回転」「かかえ込み回り」「片膝掛け回転」などに挑戦する子どもの姿が見られた。
　教師は、回転して起き上がるときの手首の返し方や肘や背中をしっかりと伸ばして回ることなどの技術情報を伝え、上

足をふって

手にできている子どもの動きを取り上げて、手首や腰の位置などに着目させ、自分の動きの参考にするよう言葉かけをした。上手に回転ができずに、起き上がることができない子どもも楽しんで何度もやってみる中で動きに変化が見られた。前方支持回転で起き上がれずに、すぐに鉄棒の真下に地面に足がついていた子は、友達からアドバイスをもらいながら学習をする中で、少しずつ体を起こせるようになった。教師は、前回との動きのちがいを知らせて、子どもが動きの高まりの変化を認識できるようにした。
　活動が進むにつれて、同じ動きをしている子どもたちに、2人で同時に回ったり、順番に回ったりして楽しむ活動を提案した。最初は、2人組でタイミングを合わせて、前回り下りをして、同時に足を付くことにおもしろさを感じていた。そこから人数を増やして楽しんだり、端から順番に「前回り下り」をしたりして楽しむ子どもたちの姿が見られた。
　このような活動を充実させることにより、単元の終末には、「休み時間にもやってみたい」と思う、子どもたちの運動への意識の変化が見られた。

5. 本時の学び
①本時のねらい
　子どもたちはこれまでに、いろいろな上がり技、支持回転技、下り技を行うことにより、逆さになる感覚や、回転することにより、体が感じるおもしろさを味わうことができた。また、いろいろな技を組み合わせたり、連続して回ったりすることにより、おもしろさをひろげることができた。
　単元が進むにつれて、自分一人で技を行い、楽しんでいた子が近くにいた友

達と、お互いに動きを見合って、同じ技を一緒に行う姿が見られるようになった。そこで、その様子を見取った教師は、2人でタイミングを合わせて、「前回り下り」をする動きを提案した。2人でタイミングを合わせて回転し、ピタッと同時に着地することをおもしろく感じ、繰り返して行うようになった。

上手く回れてたかな

そこで、本時では、これまでに学習してきた技に親しむとともに、ペアやグループでタイミングを合わせて回ったり、順番に続けて技を行ったりすることで鉄棒運動を楽しむことを学習のねらいとした。

②本時の展開

タイミングを合わせて

子どもの学び	教師の支援
1. 感覚づくりの運動を行い、本時の学習の見通しをもつ。 ・いろいろな姿勢でジャンケンをする。 ・「ふとんほし」や「コウモリ」の姿勢から体を振動させる。 2. 友達と順番に回ったり、動きを合わせて回ったりして楽しむ。 ・2人で同時に足かけ回りをする。 ・5～6人で端から順番に前回り下りをして楽しむ。 3. 他のペアやグループの動きを見合い、気付いたことや自分たちもやってみたい動きを話し合う。 4. できそうな動きを自分たちの動きにも取り入れ、もう一度行い学習を振り返る。	1. 「ふとんほし」では、おへその下で鉄棒を挟み込むことや「つばめ」の姿勢では肘を伸ばし、腰骨の辺りで体を支えること等の技術情報を確認する。 2. 同じぐらいの高さの鉄棒で活動している子や同じ技を行っているグループにかかわり、タイミングを合わせて同時に行ったり、時間差をつけて、順番に回ったりする活動を取り入れることを提案する。 3. できる技が少なくても、タイミングを合わせて回ることや順番に回ることで鉄棒運動のおもしろさがひろがることに気付かせる。 4. ちがう友達とやってみたり、体の向きを変えてやってみたりして、次時への意欲につなげる。

【授業に参加して】　　　　　　　　　　　　　　レポーター　湯口　雅史

　高学年になると、運動への意欲・関心が大きく隔たる二極化が顕著に表れてきます。鉄棒運動に対しては、「痛い」「怖い」「できない」が影響し、低学年の時から鉄棒に触れてきた子とそうでない子に大きな隔たりが生じることが予想できます。本授業では、そのような二極化している子どもの距離を縮めながら単元を展開していく方策として、集団鉄棒、ペア学習を取り入れていました。本単元は、テーマを「クルッと回ろう」とし、「上がり技」「支持回転技」「下り技」すべてに「クルッと」を意識付けていました。

　単元前半は、個々の力に見合っためあての活動に終始していたそうですが、前々時（3時間目）から、友達と動きをシンクロさせる姿が多く見られるようになってきたそうです。本時（5時間目）は、学習課題を「集団演技」に絞り込み、「今日は、今までやってきた『クルッと回る』を、2人組でタイミングを合わして回ったり、グループで順々に回ったりと、複数人でかっこよく決めよう」と提案し、授業に入りました。個々散々と鉄棒に触れに行き、まずは気の合う集団で挑戦しようとしています。「何ができる？」「どうする？」と、行う技について話し合っています。女子がシンクロ試技を行っている場面に注目すると、4人が鉄棒に跳び上がり、タイミングを合わせてクルッと「前回り下り」をしています。

　次に、メンバーを替えて4人が跳び上がり、左から順に「前回り下り」を行いました。両試技ともタイミングが合い、歓声が上がった所に富田先生がかかわり、「下り技だけではなく、『上がる－回る－下りる』のクルッを合わしてみよう」と、めあてを方向付けました。そのグループは、相談の結果、上で回る技の合意を図ることができないようで、「跳び上がり－前回り下り」で挑戦しました。何回か試技した後、同じ技ができる友達を求めて、グループは解散しました。授業前半は、仲のよい友達同士での活動でしたが、徐々に、同じ技ができる者同士が集まった活動へと変化していきました。

　子どもは、「できる」ことに楽しみを見つけながら、もう少し難しいことに挑戦したいという思いをもちます。教師は、このような子どもの思いをせかすことなく、軟着陸ならぬ軟離陸を意識したいものです。

Ⅲ-(1) 第1学年　跳び箱を使った運動遊び

授業者　東野 伸哉

1. 単元名　とびこえあそびをしよう
2. 単元について

　1年生の子どもにとって、遊びの中から学ぶことは非常に多い。運動遊びの場面では、1つの動きが遊びを通して広がったり、高まったりすることがある。1人で楽しんでいた遊びが2人3人と広がっていくことで、友達とかかわり合い、遊び方が話し合われ、動きが発展していく。

　本単元「とびこえあそびをしよう」の学習内容は、「跳び箱を使って跳び乗りや跳び下りをして遊んだり、馬跳びやタイヤ跳びをして遊んだりする」である。子どもたちが、跳び箱を使った運動遊びの中から、動きのおもしろさを味わい、夢中になって運動に取り組む中で、さらに運動の楽しさを追求していく授業に展開していきたい。そして、すべての子どもが主体的に課題を見いだしたりつないだりして、それを仲間と共に解決していくことができるようにする。

　なお、動きのおもしろさとは、動きの中で体が感じる心地よさや気持ちよさと考えている。例を挙げると、鉄棒運動やマット運動で得られる逆位や回転による眩暈、走り幅跳びや走り高跳びでふわっと跳んだときに得られる浮遊感などである。子どもの遊びを観察していると、上記のような感覚を繰り返し楽しんでいる姿が見られる。本単元「とびこえあそびをしよう」においては、跳び箱やタイヤとかかわる場面で、おもしろさを味わう子どもが見られるのではないかと予想している。授業では、友達と一緒に活動することを推奨する。それは、友達との対話の中から、1人で行う以上の遊びが考えられるのではないか、と考えるからである。

　そこで、「いろいろに跳び越える」を、「おもしろい」と感じるよう、友達とかかわり合いながら遊びを発展していくことができるような支援として、場づくりと言葉かけの工夫を行いたいと考えている。そのためには、子どもの様子の「見取り」を行い、子どもの内面に共感しながら場を変化させ、夢中が持続

するように考えながら授業を展開していきたい。

3. 単元の目標と学習計画

単元の目標	○跳び乗り跳び下り、手を着いてのまたぎ乗りや跳び乗りをすること。 ○運動に進んで取り組み、きまりを守り仲よく運動をしたり、場の安全に気を付けたりすることができるようにする。 ○器械・器具を用いた簡単な遊び方を工夫できるようにする。

学習計画（6時間）

学習活動（時間）	子どもの意識と姿 （★は意識、●は姿）	支　援
1. 同じ班の友達と馬とびを楽しむ。　（2時間） 【1単位時間の流れ】 (1) めあてを確かめ、学習の見通しをもつ。 (2) 馬跳びを楽しむ。 (3) 感じや気付きを話し合う。 (4) もう一度馬跳びを行い、感想を学習の足あとに記す。	★家でやったことがあるよ。背中を跳び越えられるとおもしろいね。 ★友達と同時に跳んだり、順番に跳んだりすると、気持ちがいいな。 ★ジグザグになって並んだり、高さを変えて並んだりするとおもしろいな。 ●お互いに高さを相談しながら跳んでいる。 ●跳ぶタイミングを工夫している。 ●友達と相談してマットの並べ方を変えたり、高さを変えたりしていろいろな跳び方を行ったりしている。	○馬跳びのおもしろさを確認することにより、どんな動きを楽しむのか方向付けができるようにする。 ○教師も子どもと一緒になって楽しむことにより、苦手な子どもも楽しく遊べることができるようにする。 ○子どものよい動きを取り上げ、問いかけや言葉かけをすることにより、動きの情報や工夫の仕方を共有できるようにする。
2. いろいろな場で跳び越え遊びを楽しむ。（4時間） ＊本時 3/4 【1単位時間の流れ】 (1) めあてを確かめ、学習の見通しをもつ。 (2) とびこえあそびを行う。	★この跳び箱をどんな跳び越え方でとび越えようかな。友達の動きを見てみよう。 ★今までは跳び箱に跳び乗ったけど、乗らずに跳び越えることができたよ。 ★柔らかい跳び箱の上にお腹から乗ると気持ちよかったよ。	○子ども一人ひとりの動きを見て「ふわっと跳び上がっているね」などと具体的に称賛することにより、いろいろな跳び越える動き方について分かるようにする。

（3）感じや気付きを話し合う。 （4）もう一度とびこえあそびを行い、感想を学習の足あとに記す。	★柔らかい跳び箱の上で前回りをしてみたよ。 ●跳び箱に乗るために、力強い踏み切りをしている。 ●跳び箱に跳び乗ったり、手を着いて跳び越えたりして跳んでいる。 ●力強い助走から踏み切り、体を投げ出してウレタン跳び箱の上にお腹や背中で乗っている。 ●できるようになった跳び越え方をいろいろな場でやっている。	○見取り表と実際の姿を照らし合わせて、その子に必要な言葉かけを行うことにより、動きを身に付けることができるようにする。

4．学びの様子

【第1時】

　第1時は馬跳び遊びを行った。馬跳びを経験している子どもを調べると、半数近くの子どもが、家庭や幼稚園で経験していた。経験している子どもに、知っている馬跳びをやって見せるようにすることにより、未経験の子どもたちに興味を持つことができるようにした。交代しながら夢中になって馬跳びをしていた子どもたちに、おもしろかったところを聞き、「突き放して跳び越える」ことのおもしろさを共通理解した。

馬とび遊び

【第2時】

　第1時で、人数を増やして馬跳びをしていた子どもが見られたため、第2時はグループによる馬跳びを行った。「跳び越える」おもしろさを味わいながら、友達と相談しながら馬の高さや幅、並び方を変えて馬跳びを行う子どもの姿が見られた。第1時では「突き放し」の動きに夢中になる姿が見られていたが、第2時では「突き放し」よりも、場づくりの楽しさを味わう子どもが多く見られた。

馬跳びの変化

【第3時】

　第2時の子どもたちの姿から、跳び箱を提示した。跳び箱で跳び越えるおもしろさを味わうことを期待していた。すると子どもの中には「跳び乗り」の動きを行う姿や「跳び下り」の動きを楽しそうに行う姿も見られた。どちらもふわっと跳ぶことを意識するような言葉かけを行った。

踏切を楽しむ

【第4時】

　前時の終わりに見取った、跳び箱の高さや長さを変えたい子どもの意識から、跳び箱の段数を上げたり、キューブ型のソフトブロック（以下、ソフトブロック）を使用したりした。ソフトブロックに対して子どもたちは、跳び越そうと突き放しを意識する子ども、跳び乗ろうと

キューブ型ソフトブロックの場

しっかり踏み切る子どもの姿が見られた。他の場においても、突き放し・踏みきりのおもしろさを味わう子どもの姿が見られた。

【第5時】

前時では、ソフトブロックに対して子どもたちはいろいろな跳び越え方を考えていた。そんな中、突き放しが苦手な子どもと、踏み切りが弱く、よじ登って跳び下りることを繰り返す子どもが見られた。第5時では、階段状に跳び箱を並べ

突き放しを楽しむ

る場の設定と、ソフトブロックへの跳び上がりについての言葉かけの支援を行った。突き放しが苦手な子どもは、階段状に並べることにより、突き放しをしながら階段を進む姿が見られるようになった。踏み切りが弱かった子どもには、ソフトブロックの上に腹ばいになったり、柔道の受け身のように肩から回転したりする子どもを観るように言葉かけを行った。その後、よじ登るのではなく、跳び箱の前で踏み切って体を投げ出すことができるようになった。

【第6時】

第6時では、突き放しができるようになった子ども、踏み切って体を投げ出せるようになった子どもが、自信を持って取り組めるように、動きの変化を称賛した。

5. 本時の学習

(1) 本時の指導について

子どもたちは単元のはじめに馬跳びを行った。馬跳びでは、ペアで交代しながら跳び越えて遊んでいた子どもたちが、しだいに人数を増やし、高さや間隔を変えて遊ぶようになった。いろいろな馬を跳びたいという意識が見られたため、子どもたちにいろいろな種類の跳び箱の場を提示した。馬跳びでは、背中に手を着き跳び越える動きが中心であったが、跳び箱の種類によっていろいろな跳び乗り方や、跳び下り方を考える姿が見られた。

本時では、いろいろな跳び箱を跳び越える遊びを行う。場は、通常の跳び箱とウレタン跳び箱、キューブ型ウレタン跳び箱を使用して、連続で跳び越える

ような場や跳び箱をつなげて階段状にした場を設定する。前時では、「跳び乗り・跳び下り」それぞれの空中局面のおもしろさを味わう姿が見られたため、本時ではどちらの動きを選択してもよいようにする。子どもたちが、「跳び乗り・跳び下り」のおもしろさを十分に味わい、友達と遊び方を考えて動きが発展できることを目的とする。

(2) 本時の目標

　いろいろな場で跳び乗り・跳び下りができる。

(3) 展　開

（★は子どもの意識、●はその姿、丸数字は時間配分を示す）

過程	学習活動及び子どもの意識と姿	教師の支援
構え	1　めあてを確かめ、学習の見通しをもつ。　　　　　　　　　　　⑤ ★この跳び箱をどんな跳び越え方で跳び越えようかな。	○前時までの活動を想起する言葉かけを行い、どんな技や動きを身に付けることができたか確認することができるようにする。
自主・協同	2　とびこえあそびを行う。　　⑩ ★跳び箱の上に乗らずに跳び越えることができたよ。 ★柔らかい跳び箱の上にお腹から乗ったよ。 ●これまでに取り組んできた動きや新しい動きを行い、教師や友達に見せている。 ●突き放しや踏み切りの動きが力強くできるようになっている。 3　感じや気付きを話し合う。　⑩ ★高い跳び箱に跳び乗るために強く跳んだよ。 ★跳び箱から下りるときにふわっと跳んだよ。 ★次は、跳び箱の上で回ってみたいな。 ●自分が楽しかった動きについて発言できる。 ●自分の動きや友達の動きにはどんな工夫があるのか気付き、説明できる。	○場づくりを行いながら、これまでの動きを確認することにより、本時ではどんな動きを楽しみたいかを考えることができるようにする。 ○突き放しや踏み切りに着目するような言葉かけを行うことにより、空中局面のおもしろさを味わえるようにする。 ○子どもが紹介した動きを教師が補足したり実際に動いてみたりして取り上げることにより、どのように動いているのか理解しやすくする。 ○子どもたちに次の活動でやってみたい動きを問いかけることにより、共通理解したことを確認するとともに、運動する意欲を高めることができるようにする。

発展	4　もう一度とびこえあそびを行い、感想を学習の足あとに記す。　　⑩ ★友達が考えた動きもおもしろいな。 ●自分の考えた動きと比べながら運動している。	○「ふわっと跳び上がっているね」「友達の説明を思い出そうね」などと具体的に声をかけることにより、確認した情報と自分の動きがつながることができるようにする。

【授業に参加して】　　　　　　　　　　　　　　　レポーター　湯口 雅史

　低学年、特に１年生の学習は、教科を問わず集中が長続きせず、すぐに飽きたり、違うコトに興味を示したりします。本授業は、子どもの学びの自由を保障し、持続が難しい子どもの興味・関心を吸収しようとしていました。このように、場・跳び方・友達を、子どもが自由に変化させる授業は、ややもすると、自由さが仇となり、学習内容がぶれてしまうことがあります。しかし、本授業は、場を変える時、友達の動きをまねる時などに、自分の思いや感じを伝えることを共通理解しました。

　授業前半の「馬跳び」の場面では、子ども同士の自由なかかわりが見られました。ペアが合体して４人に、さらに、２つのペアが参入して８人グループへと集団が大きくなりました。４人では、馬を２つ並べて跳ぶ「勢い」を楽しみ、８人グループでは、さまざまな高さ・向きの馬をつくり、「連続性」を楽しんでいました。その場にかかわる先生は、「なぜ、馬を２つ並べたの？」と場をつくったイメージと、跳んだ時の感じの違いを問いかけたり、「連続して跳んだ感じは？」と連続して跳んだ時の子どもの身体に残っている感じに問いかけたりし、「跳ぶ」と何かおもしろいことが起ることを認識させようとしていました。東野先生は、このような、その子なりの「おもしろい」が、学習のエネルギーになると考えていました。

　子どもは、自分がこれまでやってないことに興味をもちます。授業の中で、Ｋ君は、いろいろな場を転々とし、しばらく経ってソフトブロックの場にたどり着きました。友達が、「踏み越し跳び」「支持で跳び乗り・跳び下り」など、いろいろな跳び越しに挑戦しています。Ｋ君の順番です。思いっきり助走し、側転で跳び越えました。それを見た友達が、戻ってきたＫ君に「おもしろい

の」と情報を求めています。K君は「気持ちいいよ」と情報を発信し、友達は「何が」と、なおも情報を求めます。側転が人気となり、挑戦活動が始まりました。「何がおもしろいのか」と東野先生が聞くと、「クルッと回るのがおもしろい」と口々に答えています。動きの広がりは、教師が提示した動きを選択して広がる場合もありますが、本時のように、「おもしろい」の共有から動きが広がる場合もあります。「おもしろい」の共有からの動きの広がりは、子どもの自由さの保障から生まれてくるのではないでしょうか。

Ⅲ-(2) 第3学年　跳び箱運動

授業者　大西 美輪

1. 単元名　トン・タン・ピタッとチャレンジ跳び箱
2. 単元について
(1) 育みたい見方・考え方

　本単元における見方・考え方は、「身体的・力動的な視点から自分の動きと友達の動きを比べ、自分の動きとつないで考えること」である。器械運動領域の中の跳び箱運動では、助走や踏み切りによって空間に跳躍して跳び箱を跳び越すという非日常性と驚異性を特徴としている。そして、技を身に付けたり新しい技に挑戦したりしながら、楽しさや喜びを味わうことのできる運動であるといえる。しかし、運動の特性から「できる」「できない」がはっきりしているため、すべての子どもが技を身に付ける喜びを味わえるよう、技の局面での動き方や力の入れ方を自分なりのコツとして捉えることが大切である。

　そこで本単元では、技が成功している時の動きを体の動かし方や力加減などの視点で見て、動きのよさを見付けたり、見付けたよさを自分で試したりしながら技の獲得に繋げたい。その時に、どのように体を動かしたり、力を入れたりすると技が成功するかということを一連の動きとして捉え、自分と友達の動きを比べながら考えて、自分の技に生かしていけるようにしたい。

(2) 見方・考え方を育む単元構想
　低学年の器械・器具を使っての運動遊びでは、運動場にある登り棒や雲梯、タイヤ跳びなどの運動の経験をしている。低学年では、体の動かし方に着目してさまざまな運動に取り組み、感覚を養っている。
　単元始めでは、技に関連した易しい運動遊びを取り入れて段階的に取り組み、自分の体をどのように動かせばよいのか、どこに力を入れるとよいのか、ということを考えながら試すようにしたい。
　技は「切り返し系」の技を取り扱う。技を構成する「踏み切り」「着手」「空中姿勢」「着地」といった、一つひとつの動きを身体的・力動的に見て、どのようにすると上手く跳び越すことができるのかについて、一連の動きとして考えられるようにしたい。また、技のコツを共有した後、実際に自分でやってみて上手くできているかどうかを確かめるために、グループでお互いに動きを見ながらアドバイスできるようにする。その時に自分の掴んだ感覚と友達の動きを比べてアドバイスしたり、上手くできている友達の動きを観察して自分の動きと比べたりしながら、技の獲得につなげていきたい。そして、苦手な子どもも進んで練習に取り組めたり、できる喜びを味わったりすることができるよう、練習の場も段階的に設定する。さらに、一つずつ技に挑戦しながら、みんなで共有したコツを掲示しておく。前時までに経験した技を「踏み切り」「着手」「空中姿勢」「着地」という、それぞれの局面で身体的・力動的に関連させながら考えられるようにする。

(3) 見方・考え方を育む指導と評価
　前時までに横跳び越しを経験し、技の局面での動きを身体的・力動的に捉え、技ができるようになっている。そこで本時は開脚跳びに挑戦する。既習経験でタイヤ跳びをしているが、跳び箱はタイヤよりも長いため、遠くに跳ぶことが大切であることに気付かせたい。そこで、どのようにすると遠くに跳べるかということを、「着手」「空中姿勢」という局面を取り上げながら考えることで、見方・考え方が育まれると想定している。上手く跳べている子どもの姿を見て、発見したことを取り入れて自分で試しながら、自分なりのコツを捉えていく。これらの過程で見方・考え方が発揮されると考える。友達のよい動きを

身体的・力動的に見たりすることで、動きのよさに気付けるようにしたい。
　技の局面での動きを身体的に捉え、自分と友達の動きを比べながらよりよい動きを見付けていく過程における子どもの姿を評価指標に基づいて評価する。その際、友達のよい動きを取り入れ、自分で何度も試したり、自分なりに捉えたコツを友達に伝えたりしている姿を評価していく。

3. 単元の目標
・何度も技に挑戦し、技のコツを自分なりに捉えようとしている。
　　　　　　　　　　　　　　　　　　　　　　　　　　（主体的な態度）
・友達のよい動きを自分に取り入れようとしたり、技の成功に繋がるようにアドバイスしたりしている。　　　　　　　　（共感・協同的な態度）
・身体的・力動的な視点から自分の動きと友達の動きを比べ、自分の動きとつないで考えている。　　　　　　　　　　　（見方・考え方）
・技の局面での動き方や力の入れ方が分かり、いろいろな支持跳び越し技をすることができる。　　　　　　　　　　　　（知識・技能）

4. 単元構想（全6時間）

次	時	学習活動	問題を解決する過程における子どもの意識の流れ
1	①	感覚づくりの運動遊びをし、単元の見通しをもつ。	○かえるの足打ちやかえる跳びは、手に体重をのせる感じでやってみるとうまくできそうだな。 ○踏み越し跳びは、踏み切りや着地を意識してすることが大切だな。 ○今日やった運動は跳び箱運動でも役に立ちそうだな。
		単元の課題を共有し、いろいろな技に挑戦する。 ・横跳び越しに挑戦する。	○跳び箱発表会で、いろいろな技を成功させるために、どんどん練習して上手くなりたいな。 ○横跳び越しは、両足で踏み切ると上手くできそうだな。 ○横跳び越しは、手をついて腰を高く上げることが大切だな。 ○足が上手くそろっていないな。できている友達と、どんなところが違うのかな。 ○開脚跳びは大きく足を開くことが大事だな。どのタイミングで足を開けば上手く跳べるのかな。

2	② ③ ④	・開脚跳びに挑戦する。 ・かかえ込み跳びに挑戦する。	○開脚跳びは前に跳び越すことが大事だな。どうすれば、遠くに跳び越すことができるのかな。 ○大きく足を開くことはできるけど、最後に跳び箱にお尻がついてしまうな。できている友達は、どこに力を入れているのかな。 「見方・考え方」 身体的・力動的な視点から自分の動きと友達の動きを比べ、よい動きについて考えている。 ○かかえ込み跳びは足が跳び箱に乗ってしまって上手くできないな。 ○どんな風に跳ぶと、足が跳び箱を越えられるかな。手の着き方と膝の曲げ方が大事なのかな。 ○開脚跳びの時のように手で跳び箱を押すようにすると上手く跳べるのかな。 「見方・考え方」 身体的・力動的な視点から自分の動きと友達の動きを比べ、自分の動きとつないで考えている。
3	⑤ ⑥	跳び箱発表会に向けていろいろな技を練習し、発表会を行う。	○開脚跳びの膝がピンと伸びるように練習しよう。 ○着地までピタッと止まれるように意識して練習して、友達に見てもらおう。 ○今まで練習してきた中で、一番上手な技を発表会でも成功させたいな。友達からのアドバイスも思い出してやってみよう。 ○跳び箱発表会では、今までの練習の成果を発揮することができたな。もっと他の難しい技にも挑戦してみたいな。

5．学びの様子

【第1時】

　跳び箱運動が初めての児童も何人かいたため、まずは跳び箱運動につながる感覚づくりの運動遊びを行った。かえるの足打ちやかえる跳びをしながら、逆さになって自分の体を手で支える感覚を体験した。何度か試しているうちに、上手くできるようになった児童の姿を見せると、「足が腰より高く上がっている」「もっと高く足を上げてみよう」と友達の姿から学ぼうとする姿が見られた。

【第2時】

　跳び箱運動を行い、どのような姿になりたいかと尋ねると、「上手になりたい」「いろいろな技ができるようになりたい」という願いが出てきた。そこで、子どもたちの願いを共有し、上手になった姿を単元終末に発表会という形で見せ合うことにした。合言葉は「トン・タン・ピタッ」である。技を美しく決めるイメージの音を引き出し、このように技を完成するためのコツを見付けていこうと単元の課題を共有した。子どもたちは、「ピタッ」と技を決められるかどうかにこだわりをもっていた。

　技の練習に入る時に、教師の意図的な支援を2つ行った。1つ目は、場の設定である。跳び箱を放射状に配置し、お互いに向き合って跳べるようにした。このようにすることで、友達の跳んでいる姿を待っている間にも見ることができる。よい動きを見付けるためのしかけである。2つ目は、学び方の共有である。この学び方を共有しておくことで、子どもたちは友達の姿から学び、それを自分に取り入れて生かそうとすると考えた。

〜みんなで見付けた 学び方〜
うまくなるには 見付けたことを 使ったり取り入れたりして 何度も あきらめずに練習することが 大事だよ。
体育では 自分で 自分のすがたが 見えないので 友達に見てもらって アドバイスをもらうと うまくなるよ。
友達にアドバイスをしてあげると 自分もうまくなるよ。
友達の動きを しっかり見ると うまくなるコツが見つかるよ。自分の動きとくらべてみるといいよ。

　最初に取り組んだ技は横跳び越しである。踏み切りが片足になったり、跳び箱の上を上手に越えられなかったりした。何度か挑戦していくうちにできるようになった子を取り上げ、「トン（踏み切り）」「タン（着手）」「ピタッ（着地）」の視点で動きを見て、上手に跳べるためのポイントやコツを共有した。そして、もう一度グループで練習していくと、子ども同士で「もっと踏み切りを強くして、腰を高くあげてみるといいよ」とアドバイスし合う様子が見られた。

学習の場

【第3時（本時）】

　開脚跳びを映像で見せ、上手に跳べるためのコツを見付けようと単元の課題を共有すると、子どもたちは自分で動きを試しながら、コツを発見していった。前時で動きを見る視点を共有していたため、「踏み切りは・・・」「手のつく位置は・・・」など、子ども同士で動きを見合ってアドバイスしたり、こうすればできるのではないかと考えたりする姿がたくさん見られた。全体交流する場面では、自分なりに得た多くのコツを出し合い、本当かどうか動きを見ながら確認し、共有を図った。みんなで見付けたコツは板書で示した。

　コツを掴んだほとんどの子どもたちは、4段の高さの跳び箱で開脚跳びが跳べるようになった。あと一人だけ跳べていないA児がいた。A児を何とか跳べるようにしたいとグループの子どもたちは、自分なりのアドバイスを伝え合った。そして、恐怖心を取り除くために柔らかいスポンジ性の跳び箱で練習するように練習場を選んで行った。着手した時に、うまく跳び箱を押せていないこ

教え合い

見せ合い

とに気付いたグループの子たちが、何度も「こうやって跳び箱を押すようにして」と言いながら、練習を繰り返していくうちに跳ぶことができるようになった。同じグループの子の感想には、「今日とびっきり嬉しいことがありました。それは○○君が3段を跳べるようになったことです」と書いてあった。友達ができるようになったことを自分のことのように喜ぶ姿に感動した。

【第4時】
　かかえ込み跳びに挑戦するようになると、子どもたちは今まで経験した横跳び越しや開脚跳びの時とつないで、コツを考えるようになっていた。教師の支援がなくても自分たちで動きを見る視点が分かり、コツを発見できるようになった。

【第5〜6時】
　跳び箱発表会に向けて練習に取り組むようになると、今までの技をさらに美しくしたいと、跳ぶ時の姿勢や着地の仕方に気をつけるようになった。そして発表会では、今まで練習した成果を一人ひとりが披露し、成長を称え合った。

6. 本時の学習指導

(1) 目標
- 美しい技になるためのこつを身体的・力動的な視点で見付け，友達の動きと比べて自分の動きに生かしている。

(2) 学習指導過程

学 習 活 動	課題を解決していく過程	教師の指導と評価
【単元の課題】 初めての跳び箱運動でいろいろな技にチャレンジしてかっこよく跳ぶことができるようになりたいな。「トン・タン・ピタッ」と美しく技を決めるために大切なこつをたくさん見付けて，跳べるようになろう。最後にみんなで跳び箱発表会を開こう。		○ 単元の課題を共有し「トン・タン・ピタッ」の動きに着目できるよう動きを見る視点を明らかにする。
1 感覚つくりの運動をして体をほぐす。	かえるの足打ちはもっと足を高くしたいな。／うさぎ跳びはだんだん上手くなってきたよ。／馬跳びはもっと速く跳べるようになりたいな。	○ 注意するところや体の力を入れるところなどが意識できるよう，声かけをする。
2 前時を振り返り，本時の課題を確認する。	開脚跳びができるようになりたいな。きれいに跳べるこつが知りたいな。 開脚跳びがきれいに跳べるためのこつを見付けよう。	○ 前時の児童の振り返りから，本時の課題を共有する。 ○ 子どもの見方・考え方が表出するよう，見付けたこつの根拠を問う。
3 いろいろ試しながらグループで技のこつを見付ける。	強く踏み切ってみるといいのかな。／跳び箱に手をつくときに強く押してみよう。／○○くんは上手くできているな。 ← 上手に跳べている子の動きを見せる。	評：上手く跳ぶためのこつを想像し，自分なりに試して練習しているかを評価しながら，技の質が高まるよう指導する。
4 全体交流をする。	・踏み切りは強く踏み切るといいな。 ・手は跳び箱の遠くの方に強く着いて押すようにするといいよ。 ・跳ぶ時に膝を伸ばすといいな。 ・着地は動かずにぴたっと止まるといいな。	○ 上手に跳べている子どもをモデルにしながらどこに力を入れているか見ている子どもが考えられるよう発問する。
5 見付けたこつを生かし，自分に合った練習を行う。	手の着く力が弱いから手で押す練習をしよう。／跳んでいる時に足が伸びているか友達に見てもらおう。／着地で前に行きすぎないように力を調節しよう。	○ 上手く跳べていない子どもには，自分の課題に合った練習場所を選ぶよう助言する。 ○ 友達の動きをよく見てアドバイスできている子どもを称賛する。
6 本時の振り返りを行い，次時の見通しをもつ。	自分の苦手な所を練習して上手に跳べるようになったな。／友達のアドバイスをもらって上手に跳べるようになったな。／技ができるようになって嬉しいな。もっと他の技にも挑戦したいな。	○ 上手く跳べるようになった子どもを紹介し，次時への意欲を高める。

【授業に参加して】　　　　　　　　　　　　　レポーター　山西 達也

　大西先生が授業の達人といわれる所以は、「子どものレディネスを踏まえた授業展開」「自律に向けた教師の支援」「支持的風土」の３つと考えます。

1. 子どものレディネスを踏まえた授業展開

　大西先生は常に子どもの姿に着目し、授業づくりをされています。本実践においても、大西学級の実態に応じて、感覚づくりが目的の運動遊びから単元を始めました。往々にして、「○年生だから、この技に取り組む」というように内容ありきで授業づくりをすることがあります。その結果、一番つらい思いをするのは運動の苦手な子どもです。だからこそ、苦手な子どもが取り組みやすい運動から始めることは重要なことです。

2. 自律に向けた教師の支援

　体育科の目標の一つに、「生涯にわたって運動に自ら好意的にかかわる子ども育て」があります。それには、「受け身的な授業」ではなく、子ども自身が判断できる「能動的な授業」が大切です。そのために、大西先生は学び方の共有を図ることを大切にしています。授業中、友達に自分の姿を評価してもらったり、意見を交流したりすることで、技能や考え方が高まっていきます。そこで、大西先生は、学び方を、年度始めから、１年間かけて共有してきました。時間をかけた学び方の共有ができているから、早い段階で、新しい挑戦に対して、教師の助言がなくても自分たちだけで解決していけるのです。

3. 支持的風土

　技能差が大きい活動でも、子どもたちが安心して学び合えるのは、子ども同士の温かいかかわりがあるからです。つまり、大西学級には支持的風土ができているのです。このような支持的風土の醸成は、２つの教師のかかわり方があると考えます。１つは、必ず全員に声をかけようとします。盛んに声をかけることで授業の雰囲気がよくなり、子どもにやる気が芽生えます。もう一つは、苦手な子どもや困っている子どもを授業の中心におくことです。本実践においても跳べずに困っているＡさんに対して、子どもと教師が一緒になってかかわる姿が見られました。子どもたちは、受け止めてくれる仲間がいるからこそ、安心して交流できるようになるのです。

Ⅲ-(3) 第6学年　跳び箱運動

授業者　豊田誠一郎

1. 単元名　跳び箱運動

> 　器械運動は、実にシステマティックである。跳び箱運動は、その代表とも言える。ゆえに、習熟過程に基づいた指導法により、技ができる多くの子どもを輩出していった。ただ、技を習得するということに留まってしまうのだ。子ども自身が自分のつまずきに着目し、課題を解決していくまでには至らなかった。
> 　しかし、子ども自身につまずきを気付かせて、個別のめあてを設定させる学習においても、動きそのものが向上的に変容せず、子どもの主体性も思ったよりも高まらないといった致命的な問題点が散見されるようになった。
> 　ただし、それぞれを保障しようとしていることが間違っているわけではない。「学ぶべき学習内容」と「自分事としての問題解決の過程」自体は、体育科の学習において、どちらも本質的なことである。大切なことは、その両者がバランスよく保障され、新たな時代を生き抜いていく子どもたちの資質として育まれていくことであると考える。
> 　そこで本実践では、切実感に基づいた文脈のある問題解決の過程の中で、習熟過程に基づいたかかえ込み跳びの学習を保障することで、子ども自身が自分のつまずきに着目し、よい動きとそのための動きのコツを自ら発見するようになってほしいと願う。
> 　本時は、「跳び箱に乗ってしまう時」と「跳び箱を脚が抜ける時」の動きを、動画と写真を根拠に比較させ、よい動きを「納得」させる。その後、個に応じた場によって、自分なりの動きのコツを試行錯誤しながら「実感」させていく。

2. 単元について

(1) ねらい

　本単元は、安定した開脚跳び、大きな開脚跳び、かかえ込み跳びの楽しさや喜びに触れ、それらの技ができるようにすることをねらいとする。跳び箱運動は、助走、踏み切り、着手、腕支持、突き放し、着地によって構成される運動である。一連の動きの中で最も大切な技術は、腕支持と突き放しであり、「開脚跳び」と「かかえ込み跳び」の両方に共通している。「かかえ込み跳び」には、膝を引きつけながら手を突き放す動きが加わる。このような動きは非日常的な

ものであり、跳び箱運動は、日常生活で経験することのない腕を支点とした体重移動を身に付けることができる運動であると考える。
(2) 学習する技
　中学年までは、開脚跳び（切り返し系）、台上前転（回転系）、発展技として、大きな開脚跳び及びかかえ込み跳び（切り返し系）、大きな台上前転（回転系）を学んでいる。本単元においては、切り返し系の安定した開脚跳び、大きな開脚跳び、かかえ込み跳びについて学習する。なお、3学期には、回転系の頭はね跳びなどを学んでいく。本単元で学習した切り返し系の動きは、中学校において、開脚伸身跳びや屈身跳びにつながっていく。
(3) 学級の実態
　①すべての子どもが、開脚跳びを学んでいる。また、大きな開脚跳びについても、発展技として多くの子どもが経験している。そのため、腕を支点として体重を移動し、手を突き放す動作によって開脚跳び及び大きな開脚跳びができる子どもが多い。
　②中学年の発展技であったかかえ込み跳びについては、その難易度の高さから、経験している子どもが少ない。そのため、膝を引きつけながら手を突き放す動作によってかかえ込み跳びができている子どもは少ない。
(4) 指導上の留意点
　①本運動を学んでいく際、子どもの思考は、「さらに楽しめる場を創り上げる」→「得点が高く見栄えのよい表現の構成を考える」→「得点の低い構成は、かかえ込み跳びに起因していることに気付く」という流れをたどるのではないだろうか。そのような思考に寄り添って、「場づくり」→「表現の構成の工夫」→「技能の向上」という流れで単元を構想していく。
　②よい動きを「納得」させるための手立てとして、「跳び箱に乗ってしまう時」と「跳び箱を脚が抜ける時」の動きを動画と写真で提示し、それぞれの動きを比較させる。それらの動きを根拠とさせ、「なるほど、跳び箱に乗らないためには、『お尻を上げたり手を前に着いたりする』といいのか」などのよい動きを引き出していく。
　③動きのコツを「実感」させるための手立てとして、個に応じた場において、

実際に動きながら試行錯誤するように働きかけて、自分なりの動きのコツを見いだしていくようにする。また、iPadで動きを確認させ、自身の動きを客観的に観させるように支援していく。

3. 単元の目標
   (1) 運動に進んで取り組み、約束を守り助け合って運動をしたり、場や器械・用具の安全に気を配ったりしようとする。
   (2) 安定した開脚跳び、大きな開脚跳び、かかえ込み跳びができるようにする。
   (3) 自己の能力に適した課題の解決の仕方や技の組み合わせ方を工夫できるようにする。

4. 指導計画（6時間取り扱い）

時	学習活動	論理的な思考を促すための教師の指導
①	1. 跳び箱運動と出会い、場を工夫する。	○約束を確認し、跳び箱運動を行わせる。 ○場について困ったことなどを出させ、さらに楽しめる場を全員で創り上げるようにする。
② ③	2. 表現の構成を工夫する。	○開脚跳び、大きな開脚跳び、かかえ込み跳びの中から、それぞれの技能に応じた技を組み合わせ、シンクロ跳び箱を行わせる。
④ 本時 4/6 ⑤	3. 技能の向上を目指す。 (1) かかえ込み跳びのよい動きと動きのコツを見つける。 (2) かかえ込み跳びを練習する。	○跳び箱に乗ってしまう時とそうでない時の動きを動画と写真などで提示し、お尻を上げるなどのよい動きが「納得」できるようにする。 ○個に応じた場において、実際に動きながら試行錯誤し、自分なりの動きのコツを見いだしていくように働きかけ、動きのコツが「実感」できるようにする。
⑥	4. シンクロ跳び箱発表会をする。	○学習の成果が現れている場面を取り上げ、自分たちの伸びを実感させる。

5. 学びの様子

【第1時】 試しの跳び箱運動

開脚跳びができなかったH君とS君が、跳べるようになった。まずは、跳べるということをとても喜んでいた。もう一人、Kさんは、前半に手を痛めたということで、開脚跳びの段階でさえも成功体験がなく、ゆえに抵抗感も大き

い。個別に継続した手立てを講じていく必要があるだろう。かかえ込み跳びができなかったのが、約半数。T君は、体格的に膝をお腹に引き付けることが難しく、かかえ込み跳びの体勢そのものが厳しいのだ。膝の引き付けが十分でなくても脚が跳び箱を抜けるようにするためは、お尻を高く上げて跳ぶようにすることが大切になってくる。そのためには、大きな開脚跳びに誘い、その成功体験を積み重ねていく中で、お尻を上げて跳ぶ感覚を身に付け、膝を十分に引き付けなくてもかかえ込み跳びができるような素地を養っていきたい。

【第2時】 安全のルールつくり、シンクロ跳び箱の学習1

シンクロ跳び箱の場面について、①跳び終わった後にぶつからないように、左側から戻る。②マットのズレに関しては、みんなが跳び終わってから元の場所に戻す。の2つを確認した。また、iPadの設置位置を横のみから、縦にも設置して、膝がくっついているか、真っ直ぐ跳ぶことができているかを確認できるようにした。

本時は、ルールや場が安定した異質協働の場となったことにより、子どもたちの意欲はさらに増していった。とにかく、子どもたちは夢中になって跳んでいた。しかもそれは、自分だけの学びに執着していない。チームとして高得点が取れる演技構成を考えるようになった。

NRチームを例にとると、開脚跳びでも4段が跳べないNさんに対して、チームの仲間が、次のようにかかわっていた。

Cさん ：(跳び箱の真ん中より少しだけ先を指差して) ほらこっちじゃない。
　　　　 (跳び箱の奥を指差して) こっち。

Nさん ：こっち…？

Mさん ：あとは、脚を曲げて、一気に、横にそのまま、脚を広げて、一気に勢いで、(手をかくような動作をしながら) 手でギュって。

この結果、残念ながら跳べるようにはならなかったのだが、何度もNさんにかかわっている2人の姿が印象的だった。また、このチームのサブリーダーで、最もうまく跳ぶことができるYさんは、みんなに見本を見せた後、「どうやって跳ぶと？」と聞きにきた他の子どもたちに対して、

Yさん ：頭から突っ込む感じで跳ぶ。

と応え、動きのコツに言及するような助言をしていた。周りの子どもたちは、「そうなのか」と頷き、大きな開脚跳びをする子どもが増えていった。

【第3時】シンクロ跳び箱の学習2

異質協働の場でシンクロ跳び箱を行い、高得点が取れる構成について考える。

本時は、シンクロ跳び箱の得点に意識が高く、最高得点をとるために個の頑張りと、チーム内の励ましが多く見られた。あと少しでかかえ込み跳びができそうなS君が、「跳び箱の奥には乗れるから3点は取れる」と主張するが、「あと少しで跳べるから、4点を目指してやってみてよ」と励ますのである。チームが一体となった言葉かけが、多く聞くことができた。

また、iPadを活用して振り返る姿が多く見られたように思う。iPadを使用すると、積極的にかかわり合おうとはするが、次の点に問題があると感じた。

① 「脚が横にならない」「膝が割れない」などの判定に留まってしまい、そうならないためにはどうしたらいいかというところまで至っていないこと。

② かかえ込みが苦手な子どもに対してのかかわり合いが薄い（コツを伝授できない）こと。

よい動きや動きのコツに言及していくのは次時からなので、しかたのないことなのかもしれないが、これまでの他の単元で学んできたことを生かして、一歩踏み込んだかかわり合いがあったらよかった。特に、次時からの動きのコツを探究していく場面では、「かかえ込み跳びは、開脚跳びと違って手を奥に着くことが難しいから、動きのコツを考えなくてはいけない」というような文脈のあるかかわり合いに、していきたいものである。

6. 本時の学習

(1) 目　標

動画及び写真を比較したり個に応じた場で動きを繰り返したりする活動を通して、かかえ込み跳びを行うための自分なりの動きのコツを見つけることができる。

STEP10：達人教師の授業　171

(2) 展開

分	学習活動	子どもの思い・姿
3	1　準備運動（かえる倒立、足打ち跳び、手押し車）を行う。	○かえる倒立も10秒以上できるようになってきたな。
7	2　かかえ込み跳びを行うためのよい動きについて話し合う。	○お尻を上げるといい。Aのようにお尻が低いと、膝を曲げて引き付けても、跳び箱を越す前に足の裏で跳び箱に乗ってしまうから。 ○手を前に着くといい。かかえ込み跳びは、膝を閉じてから跳び箱を跳び越さないといけない。そうしないと、足が跳び箱を抜けないから。 ○なるほど、かかえ込み跳びは、お尻を上げて、手を前に着いたら、何とかできそうだな。
20	3　検討した動きを繰り返し行い、自分なりの動きのコツを見つけ出す。 ○うさぎ跳びの場 　小マット1～4枚 ○かかえ込み跳びの場 　横3段＋セーフティーマット、横3～5段、縦3～5段	○手を前に着くのは、大きな開脚跳びの時のようにしたらできたよ。 ○でも、お尻を高く上げるのは、とても難しいな・・・。 ○お尻を高く上げると前に落ちそうになるのが怖かったけど、手を思いっきり突き放すと絶対に落ちないよ。 ○下を向くのではなくて少し前を向くと、お尻を高く上げても怖くないよ。
10	4　かかえ込み跳びを行う。	○手を思いっきり突き放したり、少し前を向いたりしたら、上手くいくよ。 ○跳んでみるから、見ててね。 ○お尻を高く上げて、手を前に着いたら、かかえ込み跳びができたよ。
4	5　課題に対しての振り返りを行う。	○手を思いっきり突き放したり、少し前を向いたりするとお尻を上げて跳びやすくなったよ。
1	6　整理運動と後片付けをする。	

【授業に参加して】　　　　　　　　　　　　　　　　　レポーター　湯口　雅史

　授業の開始は、「手押し車」「カエルの足打ち」等のアナロゴンを準備運動に取り入れ、自然な形で跳び箱運動に必要な動きに慣れていく時間を確保していました。このルーティンが終わると、次々と「かかえ込み跳び」に、挑戦し始

めました。「第2空間が雄大な子」「まだ上乗り段階の子」「どうにか跳び越せる子」とその内容はさまざまですが、クラス全員が勢いよく挑戦していくのです。ここに、豊田先生の「仕掛けの妙味」に感心させられました。「なぜ、さまざまな力をもった子どもが、勢いよく、それも笑顔で挑戦活動を楽しむことができているのだろうか」。その要因は、①グループ（共同体）への参加、②跳び越す一連の動きを局面場面に分けた点数化、③シンクロ（リズム）跳びの提案、という3つに集約されていると解釈したのです。

①共同体への参加は、「この活動は自分にとって重要だ」という外発的な刺激（切実感）を与えながら、個のできばえに着目させた内発的動機へと調整していました。

②動きの点数化には、グループで設定した得点を達成するための、個々のパフォーマンスを互いが認め合う関係づくりが必然と培われていました。点数化することにより、評価の視点が焦点化されていったのでしょうか。さらに、ICT機器を使って客観的に振り返ることができるようにも工夫されていました。

③グループで活動するよさを実感できるように、シンクロ（リズム）跳びを取り入れていました。このリズム感が心地よく、子どもの意欲的な参加へと誘っているように思ったのです。このように、子どもが、自然と挑戦したくなる雰囲気と場をつくり、友達とかかわる場面が多く発現するような「仕掛け」を創ることで、あのような、勢いがある時間がつくられたのではないでしょうか。

ある男子（跳び箱の上へ跳び乗る前の段階）は、どうしても開脚跳びになってしまいます。グループ跳びは、シンクロ跳びを課しているため、リズムを壊すことができません。そのため、跳び乗りを行った場合、乗るという動作が入るためリズムを壊すことになってしまいます。グループで考えたのは、跳ぶ順番を変更してリズムを崩さないという作戦でした。見事にこの作戦が生き、その男子は末尾の順番で挑戦し、跳び箱の一番遠くに跳び乗り、得点を獲得しました。次時への期待がもてる変化であったと感じました。

引用・参考文献

STEP 1
　金子明友（1974）『体操競技のコーチング』，大修館書店，45-61．
　佐藤友久・森直幹（1978）『体操辞典』，道和書院．

STEP 2
　金子明友（1974）『体操競技のコーチング』，大修館書店，299-410．
　文部科学省（2008）『小学校学習指導要領解説体育編』，東洋館出版社．
　文部科学省（2008）『中学校学習指導要領解説保健体育編』，東山書房．

STEP 3
　金子明友（1982）『教師のための器械運動指導法シリーズ2．マット運動』，大修館書店．
　金子明友（1984）『教師のための器械運動指導法シリーズ3．鉄棒運動』，大修館書店．
　金子明友（1987）『教師のための器械運動指導法シリーズ1．とび箱平均台運動』，大修館書店．
　三木四郎・加藤澤男・本村清人編著（2006）『中・高校 器械運動の授業づくり』，大修館書店．
　文部科学省（2008）『小学校学習指導要領解説体育編』，東洋館出版社．
　鳴門教育大学教科内容学研究会（2015）『教科内容学に基づく小学校教科専門科目テキスト体育』，徳島県教育印刷．

STEP 4
　三木四郎「アナロゴン」，阪田尚彦・高橋健夫・細江文利編（1995）『学校体育授業事典』，大修館書店，p3．
　野田智洋（2004）踏み切り逆上がりの習得におけるブランコ運動の有効性に関する事例研究，体操競技・器械運動研究，12，11-25．
　中島清貴（2004）『跳び箱とさかあがりができる本』，学習研究社．

STEP 5
　吉田茂・栗原英昭・楠戸辰彦・中村剛（2009）器械運動の道しるべ～マット運動「倒立」～，日本体操競技・器械運動学会．
　栗原英昭・中村 剛・楠戸辰彦・吉田茂（2011）器械運動指導法研究プロジェクト実践編：器械運動指導の道しるべ～マット運動「接転系わざ」の指導法～，日本体操競技・器械運動学会．

STEP 6
　高橋健夫・岡沢祥訓・中井隆司・芳本真（1991）体育授業における教師行動に関する研究──教師行動の構造と児童の授業評価との関係──，体育学研究，36（3），193-208．

田村進・石谷桂子・川西正行・早坂正年（2006）運動指導におけるオノマトペの効果に関する研究 ― 跳び箱運動の開脚跳びの場合 ―，広島文教教育，21，1-9．

STEP 7

金子明友（2002）『わざの伝承』，明和出版，417-430．

佐藤徹（2005）"できない"現象の志向分析的視点，体育学研究，50（5），545-555．

安彦忠彦（1983）『現代授業研究の批判と展望』，明治図書出版，144-146．

田邊早苗（2015）にんじゃランドではっけん!!，美馬市立脇町小学校，第57回徳島県小学校体育科教育研究大会研究集録，35-41．

藤田雅文・田中伸幸・安田哲也（2006）主体性を育み，基礎技能を高める跳び箱遊び（運動）の授業．永島惇正・高橋健夫・細江文利監修，『デジタル版新しい小学校体育授業の展開』CD-ROM2「基本の運動・ゲーム」の指導，日本教育研究出版，34-39．

STEP 8

文部科学省（2010）『教育の情報化に関する手引』，開隆堂出版，46-71．

榎本聡・山本朋弘・清水康敬（2008）小学校体育におけるマット運動の学習でのPADの活用と評価，日本教育工学会論文誌、32（Suppl.），85-88．

水島宏一（2015）器械運動のデジタル資料の検討 ― アプリ開発のため ―，スポーツ教育学研究，35（1），1-13．

STEP 9

松田恵示・鈴木秀人編著（2016）『体育科教育』，一藝社，67-68．

木原誠一郎編著（2014）『体育授業の目標と評価』，広島大学出版会，12．

平野朝久編著（2013）『続はじめに子どもありき ― 基本原理と実践 ―』，学芸図書，18．

文部科学省（2015）『学校体育実技指導資料第10集器械運動指導の手引き』，東洋館出版社．

国立教育政策研究所教育課程研究センター（2011）『評価規準の作成，評価方法等の工夫改善のための参考資料【小学校体育】』，15，23，25，29-30，34-35．

岡出美則・友添秀則・松田恵示・近藤智靖編（2015）『新版体育科教育学の現在』，創文企画，163-176

徳島市八万南小学校（2011）第48回中・四国小学校体育研究大会紀要．

STEP10

野津一浩・後藤幸弘（2011）よい体育授業を行うための教師の力量の構造化試案 ―『教育素材を見抜く力』と『子どもを見抜く力』に着目して ―，教育実践学論集，12，249-262．

著者一覧

【編著者】

藤田　雅文（鳴門教育大学教授）
STEP 1、STEP 2、STEP 3、STEP 4、STEP 5、STEP 6、STEP 7

湯口　雅史（鳴門教育大学准教授）
STEP 8、STEP 9、STEP 10：はじめに

【執筆者】

永末　大輔（東京学芸大学附属竹早小学校教諭）　　　　STEP 10：Ⅰ-（1）
久保　明広（佐賀大学文化教育学部附属小学校教諭）　　STEP 10：Ⅰ-（2）
松本　拓也（岡山大学教育学部附属小学校教諭）　　　　STEP 10：Ⅰ-（3）
前場　裕平（香川大学教育学部附属高松小学校教諭）　　STEP 10：Ⅱ-（1）
松田　元宏（鳴門教育大学附属小学校教諭）　　　　　　STEP 10：Ⅱ-（2）
富田　知之（鳴門教育大学附属小学校教諭）　　　　　　STEP 10：Ⅱ-（3）
東野　伸哉（鳴門教育大学附属小学校教諭）　　　　　　STEP 10：Ⅲ-（1）
大西　美輪（香川大学教育学部附属高松小学校教諭）　　STEP 10：Ⅲ-（2）
豊田誠一郎（熊本大学教育学部附属小学校教諭）　　　　STEP 10：Ⅲ-（3）

【授業レポーター】

湯口　雅史（鳴門教育大学准教授）
STEP 10：Ⅰ-（1）、Ⅱ-（2）、Ⅱ-（3）、Ⅲ-（1）、Ⅲ-（3）

山西　達也（香川大学教育学部附属高松小学校教諭）
STEP 10：Ⅱ-（1）、Ⅲ-（2）

松本　大輔（西九州大学准教授）
STEP 10：Ⅰ-（2）

大橋　潔（福山市立加茂小学校主幹教諭）
STEP 10：Ⅰ-（3）

【撮影協力者】

野村　美琴（北島町立北島小学校6年・鳴門体操クラブ）
村上　侑真（上板町立神宅小学校5年・鳴門体操クラブ）
野村　武蔵（北島町立北島小学校4年・鳴門体操クラブ）

■編著者紹介

藤田　雅文（ふじた・まさふみ）

筑波大学大学院体育研究科（修士課程）体育方法学専攻 修了
高知大学教育学部助手、鳴門教育大学学校教育学部講師・助教授を経て
現在　鳴門教育大学大学院学校教育研究科教授
　　　日本体操協会公認男子体操１種審判員
主な著書
『どの子もできる器械運動』（黎明書房）1989 共著
『子どものスポーツ、その光と影』（不昧堂出版）1992 共著
『体育・スポーツ経営学講義』（大修館書店）2002 共著

湯口　雅史（ゆぐち・まさふみ）

東京学芸大学大学院教育学研究科（修士課程）保健体育専攻 修了
徳島県小学校教員（26 年間）を経て
現在　鳴門教育大学大学院学校教育研究科准教授
　　　平成 23 年度文部科学大臣優秀教員
主な著書
『子どもとともにつくる体育授業』（創文企画）2013 共著
『動きの「感じ」と「気づき」を大切にした器械運動の授業づくり』（教育出版）2012 共著
『小学校体育における習得・活用・探求の学習 やってみる ひろげる ふかめる』（光文書院）2009 共著

小学校体育 器械運動
── 達人教師への道 ──

2016 年 10 月 25 日　初版第 1 刷発行

■編 著 者────藤田雅文・湯口雅史
■発 行 者────佐藤　守
■発 行 所────株式会社 大学教育出版
　　　　　　　〒700-0953　岡山市南区西市 855-4
　　　　　　　電話(086)244-1268㈹　FAX(086)246-0294
■印刷製本────サンコー印刷㈱
■Ｄ Ｔ Ｐ────林　雅子

© Masafumi Fujita & Masafumi Yuguchi 2016, Printed in Japan
検印省略　　落丁・乱丁本はお取り替えいたします。
本書のコピー・スキャン・デジタル化等の無断複製は著作権法上での例外を除き禁じられています。本書を代行業者等の第三者に依頼してスキャンやデジタル化することは、たとえ個人や家庭内での利用でも著作権法違反です。

ISBN978-4-86429-416-4